Les favoris de la reine:
Dans l'intimité de Marie-Antoinette

マリー・アントワネットと5人の男

宮廷の裏側の権力闘争と王妃のお気に入りたち

㊦

エマニュエル・ド・ヴァリクール
ダコスタ吉村花子［訳］

Emmanuel de Valicourt

Lauzun
Besenval
Vaudreuil
Fersen
Esterhazy

マリー・アントワネットと5人の男　下

目次

上巻　目次

凡例
〔　〕は語句の説明、補足を示す
＊訳注を示す
注番号は原注（下巻巻末）を示す

ヴォードルイユ伯爵

「役割を担わないでいられるなら、人生はごく楽しい喜劇だろう」
ディドロ

マリー・アントワネットは娯楽や宴が大好きだ。そんな彼女にとって、ヴォードルイユは消えゆく定めにある雅やかな世界で、洗練された娯楽を提供してくれるまたとない人物だった。当時、ヴェルサイユの華やかさは頂点に達し、そのきらめきはヨーロッパ中を照らした。ルイ一四世時代のヴェルサイユ宮殿と宮廷が政治的支配力の象徴だとすれば、ルイ一六世時代のそれは各国の宮廷が手本とするこの上なく華々しい社交界だった。奔放な空想と創造性にあふれ、最高の宮廷作法とエレガンスを極めたヴェルサイユは世界を圧倒した。

軽やかな楽しみを追い求めた一八世紀。王妃の取り巻きの中でも、ヴォードルイユほどこの時代の愉悦を屈託なく享受した人物はいない。彼はトリアノンの少数の取り巻きを現実から切り離された夢へと誘い込み、王妃から「魔法使い《アンシャントゥール》」とあだ名された。王妃は現実よりもおとぎ話が好きだったのだ。朝から晩まで注がれる視線から逃れたいという欲求は、時に強迫観念にも似た様相を帯びる。彼女は人々に姿を見せて称賛を浴びるのは好きだったが、それも時と場合を決めるのは自分自身という条件が満たされてこそだ。

そうした王妃の友人たちの中でも、ヴォードルイユは特殊で奇妙な人物だった。彼は何らかの長所が買われて取り巻きに加わったわけではなく、そもそも王妃から特に目をかけられてさえいなかった。しかし愛人が王妃から受けていた寵愛を巧みに利用して足場を築き、宮廷からお気に入りの一人と見なされるようになったのだ。取り巻きの中でも彼は間違いなく飛び抜けて計算高く、欲得ずくだった。「偽りは宮廷人にとってもっとも重要な技術である」とはブザンヴァル男爵の言葉だが、ヴォードルイユはこの言葉を誰よりも雄弁に体現していた。

彼はラングドック地方の貴族リゴー家の出で、一族は一二世紀以降カルカッソンヌ近くのヴォードルイユに封土を有していた。一七世紀から一八世紀にかけて、高名な海軍士官や航海士が次々と輩出し、アンティル諸島やカナダで名士として頭角を現し、ほぼ一世紀にわたりアメリカ大陸の植民地ビジネスの中心的存在として、数多くの重職を手にした。だが栄達を果たしたこの一族の子孫には、際立って偉大な傑物は生まれなかった。それでもヴォードルイユは事あるごとに取り巻きたちに、一族の大物ぶりを自慢していた。彼と親しいブザンヴァルでさえ、自慢にうんざりして「ヴォードルイユ氏はあらゆる機会をとらえて、さも名門出のように振舞っている。その点について議論する気はないが、彼の一族には名の知れた人物はいない。少なくとも私が聞いた限りでは」と述べている。ボンベル侯爵も回想録で同様の指摘をしており、実のところ取るに足りない家柄の出にしては、不釣り合いな寵愛を王妃から受けていると驚いている。一族の功績や才能や家柄を基準に、王族の寵愛を受ける権利があるか否かを推し量るのは、宮廷人独特の行動パターンだ。

ヴォードルイユの祖父ヴォードルイユ侯爵フィリップ・ド・リゴーはルイ一四世より五つ年下で、何世紀も続く破産しかけた田舎貴族だった。彼は軍人として活躍して一族に栄光を取り戻す、と強い決意を固めていた。妻ルイーズ・ド・ジョワベール・ド・スランジュは一二人の子どもを産み、男の子たちは全員父にならって軍人の道に進んだ。一族の伝説的人物であるフィリップはまず近衛騎兵隊に入り、一六八七年にはカナダでのフランス部隊の指揮という危険な任務を引き受けて、冒険心を見せた。イギリス人を支持するイロクォイ族との戦いで頭角を現し、フランスを代表して彼らと通商協定を結んだ。

戦功によりモントリオール総督に任命され、一七〇三年にはヌーヴェル・フランス*の総督と

* 一六－一八世紀にかけてフランスが北米に有していた植民地

なった。ケベックではカナダ人たちの尊敬と評価を集め、一七二五年に没するまで職務を全うした。彼の五人の息子も海外で軍人としてフランス国王に仕え、父が苦労して築き上げた名声のおこぼれに与《あずか》った。この「軍人一族」の末っ子ジョゼフ＝ヤサントは一七〇六年生まれの虚弱児だったが、わずか一〇歳で海軍少尉となり、一族の伝統を守った。彼はフランスで二年間の訓練を受けたのち、サン＝ドマングで運試しをしようとカナダを後にした。サン＝ドマングは一六九七年のレイスウェイク条約を受けて建てられたフランスの植民地であり、イスパニョーラ島西部に位置していた。現在は独立を果たし、ハイチ共和国となっている。彼はサン＝ドマングで、駐屯軍司令官の娘フランソワーズ・ギヨ・ド・ラ・ミランドと結婚した。アンティル諸島出身のフランソワーズはもっとも裕福な入植者の一人と言われたドミニク・エラールと結婚していたが、夫は広大なサトウキビ農園と相当数の「黒檀ビジネス」の株を残して他界した。健康に不安があったジョゼフ＝ヤサントだったが、彼女との結婚で莫大な富を手にしても、悠々自適な生活どころか軍人としてのキャリアを追求した。不動の勇気を備えた彼は父に劣らぬ働きを見せ、一七四九年にはルイ一五世によりサン＝ドマング総司令官に、一七五三年にはス・ル・ヴァン諸島*の総督兼司令官に任命され、聖ルイ勲章を授与された。

＊リーワード諸島。西インド諸島の一部

彼の息子ジョゼフ＝ヤサント・フランソワ＝ド＝ポール・ド・リゴー・ド・ヴォードルイユは一七四〇年三月二日に、サン＝ドマングの首都キャップ・フランセに生まれた。両親はこの町に広大な屋敷を所有していた。サン＝ドマングは怖いもの知らずの冒険者たちが集まる島で、多かれ少なかれフランス国王の援助を受けた海賊たちが一世紀近くにわたり横行していた。彼らはマルティニーク、グアドループ、セント・クリストファー島、トルチュ島周辺に出没していた。一八世紀中頃のサン＝ドマングは砂糖、コーヒー、藍の交易で大きな発展を遂げたが、何よりも奴隷貿易の中継地として重要な役割を果たしていた。

南国生まれの「魔法使い《アンシャントゥール》」は、のちに宮廷に上がってからも、どこか無気力で怠惰な性格を残していたが、時に怒りっぽく破綻を感じさせる面も見せ、それらが相まって対照性のある人物像を形作っていた。また対人関係では熱狂的な面もあり、ゲームや娯楽に鋭い感覚を持っていた。本能的な傲慢さと、どんなことをしてでも自分の意見を通そうという意地が特徴で、小さい頃からすぐかっとなり、執念深く、周りの者を自らの欲望に屈服させた。父は不在がちで、母は鬱気味で自室にこもりきりだったため、幼い頃から無為な時間を過ごすことが多かった。世間とは隔絶した裕福な入植者の贅沢な社会で育てられ、彼や妹たちの教育を担っていた黒人養育係は、このとんだ食わせ物の男の子の言いなりだった。

少年は絵のように見事なまでに愛らしかった。完璧に整った顔立ち、ハシバミ色の瞳。美しい歯に恵まれたおかげで絶えず笑顔で、豊かな髪の毛は海風にふんわりと揺れる。背が高くすらりとし、生涯ほっそりとした体型のまま、猫のようにしなやかに動き、優雅な物腰だった。子どもの頃から猫かぶりで、つかみどころのない魅力を巧みに利用し、特に女性に対して「高雅で魅惑的な仕草」の威力を発揮した。手の付けようがないほど横柄で想像力豊かだったため、農園で働く黒人娘たちを驚かせたり笑わせたりした。彼女たちも幼い耳にはどぎつい話に内心では気後れしながらも、彼の後をついて回るのだった。当時、人々は喜劇に夢中になっていたが、少年に演劇方面の才能があることは明らかで、のちにはこの才能を生かして女性たちと様々な楽しみに耽ることになる。

一人息子で女性に囲まれて育ち、ろくなしつけも受けなかったため、わがままで気まぐれな性格が助長され、つねに注目されていないと気が済まない。ローマ神話のヤヌスのように二つの顔を持ち、過度のうぬぼれを抑えるように育てられなかったため、魅力的でいながら鼻持ちならない面も併せ持っていた。ヴォードルイユは絶対的な利己主義者《エゴイスト》だった。ヴォルテールの言うように、「自分だけに善良ということは、すなわち少しも善良ではない」。自己に陶酔し過ぎて、対立が生じると粗暴になる。「彼の怒りはすぐに熱くなりやすい血から来ているのではなく、過度の自己愛から来ているのであって、自分より優位なものを一切我慢できず、対等であることにさえも腹を立てる」とブザンヴァルは述べている。ヴォードルイユの高慢さは自身に向けられた限りない愛情の一部であり、そうした自己愛なしでは幸福になれないと彼は考えていた。

ヴォードルイユにとって女性社会はなじみある世界であり、何としても彼女たちを支配したいと考えていた。もともと勉強が嫌いなたちではなく、幼いときからしっかりと一般教養を身につけたために、優越感はますます大きくなるばかりだった。読書を欠かさず、教養をさらに深めることで、のちに社交界で一目置かれるようになり、底なしの陽気な性格と相まってマリー・アントワネットからも注目された。幅広く学問に好奇心を燃やし、新しいことを学ぼうとするヴォードルイユは啓蒙思想時代の貴族そのものであり、レヴィ公爵は好意的に、「まさに典型的フランス人」と評している。ヴォードルイユは学問の楽しみに興味のない王妃の前では、自慢の話術を展開し、詩や警句を即興的にちりばめたり、流行りの小唄を美声で入れたり、ダンスを交えたりしながら一同を楽しませる。王妃の肖像画を制作して彼女のお気に入りの一人となったヴィジェ=ルブラン夫人は、人をひきつけて放さない彼の話術についてこう述べている。「ヴォードルイユ伯爵は才気煥発だが、感じがよく優し気な態度で話し相手に耳を傾けるので、相手の才気を引き立てるためだけに口を開くのだと信じてしまいそうになる。真面目な話でも愉快な話でも、彼はあらゆる話し方やニュアンスに通じている。というのも、彼は朗らかなだけでなく、教養もあるからだ」[2]。これこそ完璧な宮廷人の肖像ではないか。周りが「知」に頼る中、勘の鋭い彼は物事を「感じ」取っていた。

トリアノンでの生活については後述するとして、フランス植民地サン＝ドマングで幼少時代を過ごした彼は、努力の価値ではなく、無気力に生きるすべを習得した。父の要求に従って軍隊には入ったが、それも戦を好んだからではなく、一族の伝統を守るためだった。ヨーロッパで手軽に有利なキャリアを積もうと考えた彼は、一九歳で島を離れフランスに向かった。一族のコネと父の推薦が功を奏し、七年戦争ではスービーズ大公――ロスバッハの戦いの敗北者――の幕僚として参戦した。だが社交界で注目を集めるのが得意な彼も戦場ではぱっとせず、勇敢に戦って手柄を立てようともしなかった。むしろ野営で、士官たちを前におどけ役を演じて一晩を過ごす方がずっと性に合っていた。和平条約が締結されると同時に、全く興味のない軍務のことはきれいさっぱり忘れた。この点がフェルセンやローザンとの違いで、一七七八年にフランスがアメリカ独立戦争に参戦しても我関せずで、フランス革命の足音が近づいてきても、ブザンヴァルのように武器を取って王権を守ることもなかった。彼は大言壮語はお手のものだったが、行動となると心もとなかった。

＊＊＊

若く気取ったヴォードルイユは危険度の低い、自分の性格に合った領域――社交界――で才能を生かそうと考えた。宮廷では「クレオール」＊はエキゾティックで魅力的と見なされていたから、なおさら有利だった。一八世紀後半、大西洋の向こう側から渡ってきた者は「アメリカン」と呼ばれ、ヴォルテールの『アルジールあるいはアメリカ人』やジャン゠フランソワ・マルモンテルの『インカ帝国の滅亡』の愛読者たちから大歓迎された。ヴォードルイユにとって社交生活とは主に自分を引き立てる場であり、まさに天職であり野望だったが、周囲の者たちは、彼は才能を無駄遣いしていると嘆いた。「怠惰で強情なため、本来引き受けるべきあらゆる制約や使命から遠のき、その自尊心は社交界の下らないことばかりに向けられている」とブザンヴァルは述べている。社会的に成功したいと思ってはいても、自制など論外、楽で贅沢な生活が一番だった。七年戦争終結の数か月後に父が亡くなり、母は不在も同然の彼は二四歳にして莫大な遺産を相続することになり、豪勢な生活を送った。サン゠ドマングの農園から上がる収入のおかげで贅沢ができ、つねに慇懃で、鷹揚に振舞うこともあった。

今や魔法使い《アンシャントゥール》は趣味――演劇、こまごまとした軽佻浮薄なこと、恋愛――を楽しむだけの時間

＊　西インド諸島出身の生粋のフランス人

も財力も手にした。エナン公妃によれば、そうした趣味はそれぞれ関連していた。「パリには女性の接し方を心得ている男性は二人しかいない。舞台ではルカン氏[3]、市井ではヴォードルイユ氏だ」。ヴォードルイユは役者の才能を生かして、女性たちを喜ばせた。彼はつねに自分を演出し続け、素顔でいる時間はごくわずかだった。詩を朗唱すれば話し手としての才能を見せ、流行の小アリアを歌えば魅力的な歌手に変身する。一七六二年にはリュクサンブール元帥夫人宅で語り草になるほどの夜会が催され、わずか二二歳のヴォードルイユの才能あふれる博識ぶりは一同を感服させた。以来、新聞は夜会での彼のエピソードをこぞって書いた。オルレアン公爵のバニョレ城、ブルボン公爵夫人のプティ＝ブール城、クレルモン伯爵夫人のベルニー城。どの集まりにもヴォードルイユはいた。彼が来れば夜会の成功は約束されたも同然だし、洗練された夕べになる。宮廷人たちが上演する小規模なバレエにも、彼の姿があった。そうした会には王族も出席することがある。グリム男爵は、*ヴォードルイユはパリきっての社交界の名役者だと評し、王室の催事担当部署《ムニュ・プレジール》を統括するパピヨン・ド・ラ・フェルテも彼の才能に手放しの賛辞を贈った。特に、一七六三年一月一九日にセラン、デュラス夫人、リルボンヌ夫人と共に、四季を表現した

＊一七四八年から九三年にかけて出版された定期刊行物『文学通信』の発行者。独特の出版形態から検閲を免れ、時事問題や宮廷についての詳細なニュースを主に貴族層に向けて発信した

カドリーユ*で秋を優雅に踊った姿を目にしてから、その才能に敬服していたのだ。

　こうした娯楽は彼の人生にさほど大きな影響をもたらさなかったが、誘惑者の快楽は大きな変化を巻き起こした。彼は自らの行動が生み出す結果までをコントロールしてはいなかった。パリにやってきたサン＝ドマングの若い娘と関係を持ち、一七六六年九月六日に父となったのだ。娘マリー＝ヤサント・アルベルティーヌ・ド・フィエルヴァルは、ヴォードルイユの婚外子として届けられた。彼は娘を認知しなかったが、教育には心を砕き、生涯にわたって愛情を注ぎ続けた。[4]

　結婚は退屈だと考えていた彼は独身生活を謳歌し、妹のデュルフォール・ド・デュラス夫人は兄のだらしのない生活に憤慨した。彼のライティングデスクの引き出しには、「ほのめかしや同じことがくどくどと書かれた」宮廷婦人からの手紙があふれていたと言われている。妹ジョゼフィーヌは、兄は身を固めてそれなりの立場を築くべきだと考えていた。そこで不肖の兄に相応の貫録を付けさせようと、嫁探しを始めた。彼女が応援を頼んだのが遠縁のアンドロー伯爵夫人で、色道に通じ、[5]社交界で幅を利かせていた。伯爵夫人が選んだのはごく身近な女性だった。ほかならぬ伯爵夫人の娘、一二歳のアグラエで、伯爵夫人曰く愛らしく、いつでも嫁入りする準備が整

* 四人組の踊り

っている。ヴォードルイユは妹の顔を立てて、アンドロー夫人と共に、アグラエが寄宿するパンテモン修道院におもむいた。修道院はフォブール・サン＝ジェルマン地区、グルネル通りとベルシャッス通りが交差するところにある。だが修道院で彼の目を引いたのはアグラエではなく、一四歳のヨランド・ド・ポラストロンだった。ヴォードルイユはヨランドより九歳年下で、もちろん一目ぼれというわけではなかったが、以降ヴォードルイユはヨランドの生活に入り込み、何かと兄のように世話を焼いた。ヨランドは孤児も同然で、幼くして母を亡くし、父ガブリエル・ド・ポラストロンは再婚して、姉のアンドロー夫人に娘を預けた。押しつけがましく威圧的なヴォードルイユは、このはかなげで素直で自分を頼ってくる娘の美しさに胸を打たれた。ヨランドは自分でも気付かぬうちに、その魅力でもって彼に対しひそかな、しかし確たる支配力をふるった。しかもその魅力というのが、まだ開花しきっていないのだ。ヴォードルイユは王妃のお気に入りとしての自分の運命が、美しさを秘めたこの思春期の娘に完全に左右されることをまだ知らない。奇妙なことに二人は意気投合し、親密な関係が生まれた。彼女は割りきって彼に服従し、この関係は生涯続いた。[6] ベルシャッス通りを後にしたヴォードルイユは、自分は誰とも結婚しないと明言して妹を当惑させた。

「この世のものとは思えぬ美しさ」のヨランドは成長するに従い、稀に見る絶世の美女となった。

「彼女はラファエロが描くような、知性と限りない優美さを兼ね備えた女性の一人だった。さらなる驚きや称賛を巻き起こす美女はほかにもいるが、彼女はいくら見つめても見飽きることはなかった」とレヴィ公爵は記している。ヴォードルイユとの共犯関係は時と共により深い感情や共感に変化したが、いつ愛人関係になったのかはわからない。二人には、軽やかに人生を生きる怠惰な気質という共通点があった。ヴォードルイユは彼女の内に、幼い頃接した肉感的なクレオール女性特有の無気力さを見た。オーベルキルヒ男爵夫人はこれを「泰然たる落ち着き」と呼んでいる。しかし特筆すべきは、控えめな性格のヨランドが、何としても目立ちたいと望むヴォードルイユの影として生きることを受け入れた点だ。怠惰な安寧を愛するヨランドの知性はごく平均的で、ヴォードルイユの指示に諾々と従って行動した。特に何かに興味を示すこともなく、自らの限界に抵抗しない。ブザンヴァルは、「彼女は決して思い上がることなく、しばしば悪びれもせず、『あなたのおっしゃることは私には理解できませんわ』と言っていた」と述べている。王妃の乳兄弟ジャック・ウェベルは「彼女は健全な判断力、鋭い知力、かなりの分別、大いなる落ち着きを備え、何よりもごく控えめだった」とも述べているが、これは少々ほめ過ぎだろう。というのもヨランドが無口なのは、自分の意見を持たないからだ。メルシーも「知性という点では、彼女はごく貧弱です」と書いている。

なぜヴォードルイユとヨランドが結婚しなかったのかは謎だ。ヨランドの異母妹ラ・トゥール

=ランドルト夫人によれば、ヴォードルイユは幼少時に肺結核と診断され、誰とも結婚しないと誓ったという。だが彼の行動は、棺桶に片足を入れた者には似つかわしいとは言えず、この説には違和感が残る。貴族社会では子孫を残すことが至上命令であり、当時の平均寿命が短かったことも考え合わせると、こうした決意は奇妙だ。ラ・トゥール=ランドルト夫人はこの件に関して、「彼の貴族的だが非常に激しい性格は、矛盾に苦しむことはなかった」と付け加えている。確かにブザンヴァルも、ヴォードルイユが父親同様病弱と証言しており、「ちょくちょく血を吐き、ひどく病弱だったため、心気症にかかり、透けるようなたたずまいだった。人に構ってもらいたいという望みも働いていたのだろう」と記している。彼はこうした状況を口実に病的なまでに専制的に振舞ったが、ヨランドは彼が優しい心の持ち主だからと許していた。*

二人はどこまでも奇妙な組合せだった。ヴォードルイユは自らの身を固めるのは渋ったが、ヨランドには自分の競争相手にならないような男と結婚させようと決めた。そこで白羽の矢が立てられたのが軍で一緒だったジュール・ド・ポリニャック伯爵で、「愚鈍」だがごく貴族的な人物だった。ある同時代人は伯爵と会って、「彼はたまたま重要な事柄について話そうとしたが、そんなことは伯爵らしくなかった」と述べている。アンドロー伯爵夫人の了承を得、ヨランドの父も反対しなかったため、一七六七年七月六日にパリのサン=シュルピス教会で結婚式が挙げられ

* ヴォードルイユは一七九五年にロンドンで親戚のヴィクトワール・ド・リゴー・ド・ヴォードルイユと結婚した

た。すべてを手配したヴォードルイユも出席した。ポリニャック伯爵は、結婚前から自分が「寝取られ男」だったことを知っていたのだろうか。妻同様、感情の起伏をほとんど感じさせない彼が、どの時点で夫婦内におけるヴォードルイユの存在を理解したのか、資料は一切残っていない。おそらく最初のうちは、兄貴分に当たるヴォードルイユが少々熱心だと思ったくらいだろう。のちに状況を理解したときも、立ち直れないほど打ちのめされた様子もなく、仕方なく我慢したようだ。

美男美女で優雅なヨランドとヴォードルイユは一際目立つカップルだったが、一九世紀の歴史家レオンス・パンゴーは「当時はこうした激しい愛情や内縁関係が流行しており、哲学や自然の名のもとに、政略結婚を正すとされていた。(中略)時代の流れから、そうした関係の一部は正当とされていた」と説明している。これは二人にぴたりとあてはまる説だ。

新婚の伯爵夫妻はパリ郊外、モー近くのクレ゠アン゠ブリー城に住んだ。ここはジュールの生まれた城でもある。ヴォードルイユは彼らの私生活に頓着せず、突然現れては三人で暮らし、生活や娯楽を共にし、友情を育んだ。一九世紀の歴史家ピエール・ド・ノラックの言うように、「ポリニャック夫人のサロンの真の主人はヴォードルイユ」だった。誰もがこの状況を受け入れ、驚きもしなかった。アブランテス公爵夫人も、彼らの関係は宮廷でもパリでも公然たるものだったと述べている。「ポリニャック夫人がヴォードルイユ殿と一緒だということは、誰もが了解していた。つまりポリニャック夫人を夕食に招待するということは、ヴォードルイユ殿をも招待することだった。この点に配慮しなければ、礼儀知らずの野暮とされてしまう。社交界の女性たる者、決してこの点をおろそかにはしなかった」。クレで共生するヴォードルイユとポリニャック夫婦にジュールの妹ディアーヌ・ド・ポリニャックが加わって、一同は一種のマフィア的秘密集団を形成していた。ディアーヌは不器量だったが、小手先だけで醜さを隠すようなことはしなかった。彼女には、恐ろしいまでの頭の回転の速さと策略の腕前というとっておきの武器があったのだ。しかしどこか性格的な欠陥もあり、情熱的で、好き嫌いがはっきりとしていた。陽気で、雨でも陽光が差すかと思われるほど座を盛り上げた。ブザンヴァルも外出許可を取っては、彼らのところに長いこと滞在していた。ヨランドは数週間ブザンヴァルを「味見」し、その後は大の親友となった。またポラストロン家やアンドロー家の親戚もやってきて、新婚夫婦と共につましい生活を送っていた。情の深いヨランドはこぢんまりと身内で過ごすのを好み、収入が低くとも怠惰な生活を楽しんだ。一方、ヴォードルイユやブザンヴァルにははるかに財産があったから、このささやかな貴族の集まりにかなりの金銭的援助をしていた。ヨランドは相変わらずヴォードルイユの言いなりで、ポリニャック伯爵にもそうした生活を変えようとするそぶりはなかった。クレはパリからわずか五リューほどしか離れていなかったが、彼らは物騒な世情とはかけ離れた田舎貴族のような生活を送っていた。ヨランドと従姉妹のアグラエ・ダンドロー――今はシャロン伯爵夫人となっていた――は魅力的なデュオを組んで、スピネット〔チェンバロの一種〕とハープの演奏会を開き、才能と美しさを披露した。ヴォードルイユは小劇を演じ、ブザンヴァルは明朗な会話で皆を楽しませ、ホイストやチェスで遊び、散策に出ては近隣の城主たちを訪ねた。

今のところ、この小さな世界の住人たちは宮廷から遠く離れたところにいて、ヴェルサイユへ伺候したいとも思わない。だが現状にいつまでも甘んじているつもりのない人間が二人いた。一人はうぬぼれにどっぷり浸かったヴォードルイユで、活躍して注目されたくてたまらず、田舎の城での地味な生活とは別の世界を求めていた。そんな彼の格好の相棒が名うての野心家ディアーヌ・ド・ポリニャックだ。当時流行していたサロンに典型の、軽やかで打てば響くような女性で、たくさんの本を読んで知識を磨いていた。ディアーヌがいなければ、この集まりは何とも間が抜けていたことだろう。リーニュ大公も「ディアーヌ・ド・ポリニャックは、社交界にちょっとした妙味を加える女性だ。社交界にはもっと刺激が必要だ。誰もが人の口の端に上るのを恐れて、単調に過ぎるきらいがある」と述べている。彼女の才気に触れれば、その不器量さも垢抜けない身なりも気にならない。共通の利害を持つヴォードルイユと同じく、彼女も恨めし気に宮廷の出来事を観察し、生き生きと批評し、彼女から見ればやや硬化気味の自分たちの集まりに宮廷の魅力を伝えようとした。

一七六九年の春になる頃には、二人の渇望はさらに強まっていた。当時宮廷では、世間の噂となっていたある出来事の準備が進められていた。ルイ一五世の新たな寵姫デュ・バリー伯爵夫人が紆余曲折を経て、ようやく四月二二日に公式に宮廷に上がるのだ。彼女については様々な恥ずべき噂が流れていたが、新「女スルタン」はおっとりとして感じがよく、友情に厚く、自らの社交界を持ちたがっていると言われていた。これは宮廷の裏の政権交代であり、野心家たちにとっては好機だった。だが安穏な生活にどっぷりと浸かったヨランドはわざわざ宮廷になど行きたくないと言い、ジュールは――的確にも――自らには宮廷人としての才はないと考えた。彼にはかつてルイ一四世に、「陛下、マルリーの雨は服を濡らすことなどございません」*と答えた大叔父メルシオール・ド・ポリニャック枢機卿のような機転はなかった。だがポリニャック夫妻の無気力ぶりもヴォードルイユとディアーヌの野心をくじくことはなく、二人の決意は執拗なまでに固かった。数週間後、ジュールは伯父の、ヨランドは伯母アンドロー夫人の紹介を受けて宮廷に上がった。彼らはディアーヌと共に、ヴェルサイユのボン・ザンファン通りに建つフォルティッソ

* ヴェルサイユ近郊マルリーには国王の狩りの館があり、ここに呼ばれることが宮廷貴族の誉れだった。枢機卿はルイ一四世の招待を受けたが、あいにくの雨天で、枢機卿の服が濡れるのを案じたルイ一四世に答えて言ったのがこの言葉である

ン邸に小さな住まいを得た。ここからなら、機会と財力が確保でき次第、宮廷に伺候することができる。

伺候の機会はその一年後、マリー・アントワネットがフランスへ輿入れし、成婚の祭典が開かれたときにやってきた。ディアーヌ、ヴォードルイユ、ブザンヴァルを従えたポリニャック伯爵夫妻は、五月一六日晩に宮殿内のオペラ座で催された王族の晩餐会に立ち会った。この豪華絢爛なオペラ座はルイ一五世の指揮のもと建設され、今回の成婚でお披露目された。丸みを帯びた設計で、アーケード状の客席が三階まであり、舞台には青いブロケードの緞帳がかかっている。緞帳には銀の縁飾りがあしらわれ、幼い子どもたちが王太子のシンボルを支える意匠が施されていた。五人組はざわめく宮廷人の波にまぎれ、一九日にも宮殿を訪れて、目も眩むような花火を見物した。二一日夜には二万人近くもの人々が庭園やヴェルサイユの町を散策し、宮殿の鏡の回廊では仮面舞踏会が開かれた。ヨランドはヴォードルイユの監視するような視線を受けながらブルボン公爵と踊り、マリー・アントワネットは縁戚のシャルトル公爵――のちの「平等《エガリテ》フィリップ」――とダンスした。さらに二九日にはオーストリア大使主催の大舞踏会が開かれ、六〇〇〇人以上もの人が詰めかけた。

こうした絢爛な行事にもポリニャック伯爵はあまり心動かされた様子はなかったが、ヴォードルイユとディアーヌは酔いしれた。今や二人はグループの頭脳であり、マリー・アントワネットの王太子妃時代には、あらゆる機会を利用して宮廷へ上がった。ただしポリニャック夫妻は、ひっそりと一歩引いていたが。ヴォードルイユもディアーヌも、自分たちには無敵の武器があることを知っていた。機知である。天は彼らに惜しみなく才知を与え、二人は活発に競い合うように一同をたっぷりと楽しませ、巧緻な知性は爛々と輝いた。だがディアーヌは、宮廷では何よりも体裁が重要であり、知性だけでは足りないことを知っていた。世間では、王太子妃と義弟アルトワ伯爵が好んで見目麗しい者たちで周囲を固めていると言われていた。自分のどうにもならない不器量さを知っているディアーヌは、ヴォードルイユと宮廷に上がるときには、美しい義姉ヨランドを無理やり同行させた。人々は、ポリニャック家で宮廷人の人気を集める切り札を持つのはもっぱら女性たちだと噂した。クレキ侯爵夫人はヴェルサイユの庭園でこの義姉妹に会ったときのことを語っている。「ポリニャック伯爵夫人はほれぼれするほど美しく、心がこもって礼儀正しく、品がよく親切で、穏やかな魅力を備えている。(中略)夫人が義妹のディアーヌ・ド・ポリニャックと共に宮廷に登場したときは、くちばしと脚がサンゴ色のアトラスの麗しい白鳩もかくやと思われるほどだった。* その隣のもうお一方はオジロワシのような、毛の逆立ったフクロウのようななりだった。何なら、鉤形のくちばしと黒く縁どられた丸い目をしたインコと言って

* ギリシャ神話に登場するアトラスにはプレイアデスという娘たちがいて、ゼウスにより鳩に姿を変えられた

もいい」。[*] 一七五七年に出版されたルプランス・ド・ボーモン夫人の『美女と野獣』をほうふつとさせるが、野獣にディアーヌほどの機知がなかったことは確かだ。

魔法使い《アンシャントゥール》とディアーヌは、ヴェルサイユに出かける前に必ず王族に接近する戦略を練る。ある証言によれば、「ヴォードルイユ氏は年老いた宮廷人の助言を熱心に実行していた。それは、『すべての人をほめつつ、次の助言を実行する機会を待ちなさい。次の助言とは、空きの出た職に片端から名乗り出るのです』だ」。目端の利くヴォードルイユはどんな機会も見逃さなかった。ブザンヴァルやコワニーと親しくし、シャルトル公爵のパレ・ロワイヤルに出入りした。宮廷で確たるコネを築きながら、デュ・バリー夫人の取り巻きに新たに加わったポリニャック侯爵フランソワ＝カミーユにも[**]近づいた。一七七三年一一月一六日にアルトワ伯爵がマリー＝テレーズ・ド・サヴォワと結婚すると、アルトワ伯爵夫人のために新たな奉公人団《メゾン》が必要とされた。ヴォードルイユはポリニャック侯爵の耳に、彼の姪に当たるディアーヌの名を囁き、デュ・バリー夫人の後押しを得たディアーヌは、ルイ一五世からアルトワ伯爵夫人の「お付きの女官」に任命された。[7]

こうしてヴォードルイユは徐々に王族に近づき、デュ・バリー夫人の居室でディアーヌに会った

* フクロウは賢しら人、インコはおしゃべり女の意もある

** 上巻130頁参照

ルイ一五世は、彼女の鋭い機知と豊かな教養を愉快がった。ディアーヌは、ルイ一五世が週に数回デュ・バリー夫人の居室で催すごく内輪の「小さな夕食会」に同席することもあった。彼女は懸命の努力を払って地位を確保し、その鋭い機知で友人を作り、敵には恐れを抱かせて沈黙を強いた。彼女が上昇志向旺盛で、自分や一族の昇進のためなら徹底的に策略を巡らし、攻撃を受けても決してひるまないことは誰もが知っていた。影響力を手にすると、情事に夢中になり、「男性たちとややなれなれしい」と噂されるようになる。それまで男性たちは振り向きもしなかったが、今は違う。ボワーニュ夫人は彼女について「道徳という点では野心的で、飢えていて、ふしだらだった」と述べている。自分は純潔で高徳だと声高に主張していたが、オーティシャン侯爵との間に隠し子がいたことから考えると、どうやら「高徳」も難攻不落の砦ではなかったようだ。陽気な彼女がいるだけで場は明るくなり、ルイ一六世さえをも刺激した。その証拠にこんな逸話が残っている。フランスとアメリカが同盟を結ぶと、ディアーヌも含め多くの人々が熱狂した。同じ頃、王立セーヴル磁器製作所はベンジャミン・フランクリンを讃えるメダイヨンを制作したが、国王は「Eripuit coelo fulmen sceptrumque tyrannis」[8]とラテン語の銘が刻まれたこのメダイヨンを尿瓶に作り替えさせ、目に余る熱狂ぶりのディアーヌに贈ったという。

ヴォードルイユ同様ディアーヌも短気で、寵愛を競い合う二人の争いはヴェルサイユの語り草になっていた。どちらも相手が上だとは絶対に認めようとしない。当時、ヴォードルイユに歯向かうことができたのはディアーヌだけだった。「彼ほど凶暴な性格を秘めた者はいなかった。ゲームでも狩りでも、会話においてさえも、少しでも歯向かう者がいると、我を忘れたかのように怒り狂った。激怒すると挑発的になり、今まで揉め事にならなかったのが信じられないほどだ。毎日のように、誰かと言い合いになっているというのに」。だがディアーヌは彼の価値を認めており、決して根に持つことはなかった。

　王族のプライベートに入り込んだディアーヌは、ヴォードルイユをアルトワ伯爵に紹介した。二人は一目で互いを気に入り、一五歳以上年下のアルトワ伯爵はヴォードルイユの才知に感服し、やすやすと丸め込まれた。ヴォードルイユは熱しやすく、時と場所をわきまえずに口を出すが、意志薄弱な者をひきつけて幻想を抱かせる才能を持っている。数か月後には、アルトワ伯爵を介してブザンヴァルと再会した。ブザンヴァルも辛抱強く王族の寵愛を追求し、スイス衛兵隊の連隊長に任命されたばかりだった。人を見る目が全くなく、あっという間に夢中になりあっという間に飽きてしまうアルトワ伯爵は、この野心的な二人の男性にとって理想的な踏み台だった。しかし、アルトワとヴォードルイユが真摯で深い絆でつながっていたことも事実で、同時代人たちからも、ギリシャ神話に登場する無二の友人オレステスとピラデスにたとえられている。彼らの友情にひびが入ることはなく、フランス革命が勃発すると共に亡命した。[9]

ヴォードルイユ伯爵

ポリニャック伯爵夫妻がこうした動きに従ったことは言うまでもない。二人はアルトワ伯爵に紹介され、伯爵はヨランドの美しさに目を奪われた。クレ城の小さな集まりが、ヴェルサイユの大公たちが住む一階、未来のルイ一六世の弟の居室に移ってきた。まるで獲物を捕まえて動けなくさせる蜘蛛の巣のように。ヴォードルイユはアルトワ伯爵にヨランドの義妹ルイーズ・ド・ポラストロン[10]を紹介し、「若い雌鹿《ビシェット》」と呼ばれたルイーズはアルトワの愛人となり、ヴォードルイユとアルトワの関係はさらに強まった。アルトワ伯爵はヴォードルイユにとって、今まで会ったことのない、支配しやすいタイプの人物だった。ろくなしつけもされていない無知な子ども程度で、「口はいつも開いていて、あまり知的な印象を与えない。（中略）彼が王族として生まれず群衆の中に交じっていたら、注目されることなどなかっただろう」とエゼック伯爵は述べている。だが王族には長所など必要とされなかったし、ヴォードルイユから見れば、国王の弟というだけであらゆる長所に匹敵した。彼はアルトワを魅了し、数か月のうちに大の親友となり、娯楽になくてはならないお供となった。当時のアルトワは王太子妃の親友だったので、ヴォードルイユを義姉に紹介した。マリーはヴォードルイユを魅力的で愉快な男だと思ったが、ヴォードルイユは未来の王妃を誘惑するのは到底無理だと理解して、決して危ない橋を渡ろうとはしなかった。むしろ女性遍歴にかけてはローザンの方がずっと上で、実際に王妃の愛人の座を狙ったが、ヴォードルイユは王妃の取り巻きで満足し、この特権を手放すつもりはなかった。

人間としての魅力が足りないのなら、王妃の取り巻きから脱落しないよう策を巡らさねばならない。ヴォードルイユはたった一枚の切り札で満足するような人物ではなかった。

＊＊＊

一七七五年春。ルイ一六世が戴冠し、マリー・アントワネットがトリアノンに落ち着いた頃、さらなる寵愛を狙ってゆっくりと計画的に王妃に近づいていたヴォードルイユとディアーヌは、ようやくその成果を手にし始める。ある晴れた気持ちのよい午後のこと、アルトワ伯爵夫妻はヴェルサイユ庭園のオレンジ用温室《オランジュリー》の近くで友人たちと遊びに興じていた。ヴォードルイユ、ヨランド、ディアーヌ、ビシェット、* シャロン伯爵夫人、ブザンヴァル、コワニー、その他数人がいた。ちょうどヨランドが楽し気に生き生きとヴォードルイユとシーソーで遊んでいるところに、王妃とお付きの者たちが通った。王妃はエレガントでシンプルなドレスを着たこのブルネットの女性を知らなかった。何しろ彼女が宮廷デビューしたのは、マリーの成婚前の一七六九年だったのだから。ラ・トゥール＝ランドルト夫人によれば、王妃はアルトワ伯爵の一団をじっと見てから、

* ヨランドの義妹ルイーズ

近づいていったという。「王妃は彼女の天使のような容貌、優美さ、気取りのなさに目を瞠《みは》り、名前をお聞きになった。そしてヴェルサイユには稀にしかやって来ないことをお咎めになり、ぜひまたお会いしたいからもっと頻繁にいらしてとおっしゃった」。ヨランドは意図せずしてほぼ一瞬で、六歳年下の一九歳の王妃の愛情を手に入れたのだ。長い間孤独に苛まれ続けたマリーは若者特有の熱しやすさから、ようやく心の友を見つけたと信じ、それまでのどんな女友達にも示したことのない友情を示した。のちにマリーは「彼女といるときの私はもはや王妃ではなく、私自身なのです」と述べている。メルシーはこの友情に不安を抱き、「今度はランバル公妃が、若きポリニャック伯爵夫人に親友の地位を奪われました。王妃は伯爵夫人に対し、それまでの誰よりも愛情を抱いていらっしゃいます」と記している。王妃と親しい人が現れるごとにメルシーの胸には嫉みが生じ、一層警戒心を深めた。

戦略家ヴォードルイユとディアーヌは、どうやら確実に足元が固まったようだと心弾ませ、言い争いにならない限りは共通の利害で結び付いていた。ヴォードルイユはアルトワからひいきにされているし、王妃の「お友達」の愛人だ。この二つの要素があれば、取り巻きの地位は安泰だろう。彼らの戦略は功を奏し、その数日後には、王妃は賑やかなこの一団をルーヴシエンヌの散策に招いた。ヴェルサイユ郊外に建つルーヴシエンヌ城はデュ・バリー夫人の所有で、セーヌ川を見下ろす眺めが素晴らしい。一団を招待したのは口実に過ぎなかったが、散策は心地よく、王妃は馬車にヨランド、ヴォードルイユ、ブザンヴァル、シャロン夫人を同乗させた。軽食が用意されていて、一同は楽しい午後を過ごした。一七七五年夏の終わりには、王妃はヨランド（とヴォードルイユとディアーヌ）を連れて、毎年宮廷が秋の間滞在するフォンテーヌブローへと向かった。横柄な魔法使い《アンシャントゥール》は、王妃を囲む取り巻きたちの中心を占めた。

その他の取り巻きたちも王妃も、ヨランドをそばに置いておきたかったら、彼女の愛人ともうまくやっていかなければならないと理解したが、王妃は早くから彼の限界を見抜いていた。だがヨランドは宮廷に仲間を認めさせると決めていて、王妃も彼らを受け入れねばならなかった。ヨランドは本能的に、信頼できる者たちで周囲を固めて宮廷の敵意から身を守ろうとしたのかもしれない。彼女にとって宮廷は見知らぬ世界であり、一族や友人の存在は安心感を与えてくれた。シャンパーニュ連隊大尉でリーニュ大公の親友でもあるリル騎士の手紙は、しばしば「ジュールの町の皆から貴殿にご挨拶と愛情をお伝えするようにとのことです」と締めくくられている。これはポリニャック伯爵一族を指し、ヴォードルイユ、ディアーヌ、ブザンヴァルは、「市政府」と呼ばれていた。ポリニャック「一味」に向けられた主な非難の一つは、王妃に自分の集まりを持たせることで、他の腹心から引き離して、私人としての生活に閉じ込めたことだった。ヨランドが個人的な希望と宮廷社会への恐れからこの内輪の集まりを頼りにする一方、ヴォードルイユは王妃を孤立させて操り、寵愛を独占しようと画策した。当初彼は、王妃から金銭的利益を引き出そうとした点ではなく、王妃の周りに秘密と偽りの壁を巡らそうとした点を非難された。そんな彼が仲間として一目置いたのがブザンヴァルで、ブザンヴァルも彼と同じく影響力を手にしたいと熱望していた。そのためには邪魔者にはどいてもらわねばならない。手始めはあの厚かましいローザンだ。ヴォードルイユ、ポリニャック、ブザンヴァルはローザン排除計画を練り、追い落とした。ヴォードルイユは敵対的で思い通りに操れないシャルトル公爵をも陥れ、王妃の信用を失わせた。ルイ一六世は縁戚に当たるシャルトル公爵を嫌い、その尊大さを疎んでいたが、王妃もこの点には同意していた。

間もなく、ヴォードルイユとヨランドに気に入られねば、王妃に近づけないようになった。フェルセン伯爵は彼らのお眼鏡にかなった一人だ。サン＝プリエ伯爵は「ポリニャック夫人は王妃の好みに異を唱えなかった。（中略）ヴォードルイユは、控えめな性格の孤立した外国人なら、徒党を組んだり寵愛を横取りしたりせず、取り巻きのリーダーの座を奪って自分たちを追い落とそうとするフランス人よりも安全だと考えたのだろう」と推察している。

王妃とヨランドの衝撃的な出会いののち、ヴォードルイユは時間をかけて彼女への寵愛を確実にさせようと考えた。トリアノンでのヴォードルイユは日中の娯楽の指揮役だ。「謎々」「宝探し」

「ハンカチ落とし」「小喜劇」のほかに、「パンパン戦争」あるいは「デカンパティヴォス」[11]と呼ばれる一種のコラン・マイヤール*など、次々と遊びが続いていく。彼が得意とするお気に入りの遊びが「韻遊び」だ。この遊びではまず韻を決めて、それぞれが思いのままに韻文を書く。全部を集めて一つの詩としてつなぎ合わせて読んでみると、爆笑が起こる。即興が得意なヴォードルイユは、好んで読み手を務めた。読みながらちょっとした感想や機知に富んだ一言をはさんだり、わざと音節を逆にしたりしてさらに面白おかしく演出した。魔法使《アンシャントゥール》いは自分の才能を意識し、仲間と共に思う存分楽しんだ。大胆なヴォードルイユ伯爵、朗らかなブザンヴァル男爵、品のあるリーニュ大公、魅力的なローザン公爵さえそろえば、愉快な午後の始まりだ。ここにアルトワ伯爵とディアーヌが加わると賑やかな騒ぎとなり、ヨランドは無造作に王妃に腕を貸している。

　驚くほど幼稚に楽しむこともあった。ディアーヌは体調を崩していたアルトワ伯爵のために、「彼をかんかんに怒らせるような」回復祝いをしようと考えた。罠を準備したのはヴォードルイユで、共犯者の王妃はアルトワをわざと無関心な様子で連れてきた。トリアノンに着くと、キューピッドに扮したポリニャックとエステルアジがとびかかってきて、伯爵をソファに縛り付けた。ソファの上には大急ぎで描かれた彼の風刺画がかかっていて、「アルトワ伯爵殿下万歳！」と書かれていた。ヴォードルイユ伯爵とリーニュ大公が大きな翼を付けた奇妙な格好で現れ、遊び人

* 目隠し鬼

アルトワ伯爵の復活を祝して、「何という喜び！　何という喜び！」と歌った。さらに羊飼いに扮した王妃とヨランドとビシェットが、羊を率いて登場した。

愉快な仲間内で重要なのは飾り気のなさだ。彼らは形式的な宮廷の束縛からの解放を求め、幼稚になることがあっても誰も気にしなかった。ヴォードルイユはときに自分の前にいる女性の地位を忘れて、本来の顔を見せた。王妃といえどもヴォードルイユの癇癪のとばっちりを食うこともあり、ティリー伯爵は、怒りっぽさや過度なうぬぼれを王妃にさらすヴォードルイユに衝撃を受けた。「ヴォードルイユ伯爵は王妃を支配していたが、つねに自己を支配していたわけではなかった。彼は才気と魅力にあふれ、優雅な物腰で、自己表現や凝った言葉遣いを楽しんでいた。大貴族のような所作で、人をひきつける何かを持っていた。だが激しい性格で、すぐに激怒する上、嬉々として自分のことばかり話すと、もっともな批判も受けていた」。カンパン夫人は回想録の中で、一本の象牙からできていて彫刻が施された見事なビリヤードのキューについて、王妃から聞いた話を書き留めている。「ヴォードルイユ殿は私が大切にしていたキューを散々に扱ったのですよ。公爵夫人のサロンでおしゃべりしている間にソファの上に置いておいたのですが、ヴォードルイユ殿はボールが詰まって動かなくなってしまったのに腹を立てて、キューを勝手に取って台を乱暴にたたいたので、二つに折れてしまったのです。音を聞いて私はビリヤード室へ行き、一言も言わずに全身からあふれんばかりの不満のまなざしで彼を見つめました」。王妃はやがて、魔法使い《アンシャントゥール》を「我慢ならない」ヴォードルイユと呼ぶようになった。

王妃は彼の態度の落差に不信感を抱いたが、ポリニャック一派に対する寵愛は増す一方だった。ヴォードルイユは自分たちへの寵愛が確実と判断した時点で、ヨランドを容赦なく駆り立てて、王妃への影響力を試そうとした。ボワーニュ夫人は彼の巧妙さについてこう記している。「ポリニャック夫人は意地の悪い人ではなかった。愛人ヴォードルイユ伯爵に虐げられていたのだ。彼は軽薄で背徳的で、王妃を利用して国庫に手を付けて乱用した」。王妃がどんなに優しい言葉をかけてくれようと、そうした言葉以上の友情の証が必要だ。ヴォードルイユは一介の宮廷人などではなく、影響力を持つ人物になりたいのだ。そこで美辞麗句や創意で愛人の無気力を補うだけでなく、彼女に王妃との接し方を指示して、絶対的な影響力をふるった。

その後数年にわたり、一派の戦略を練って、少しずつ自分たちの野望を王妃に吹き込んでいったのはほかならぬヴォードルイユであり、ブザンヴァルやディアーヌが彼の援護に回った。最初のうちは、ヨランドに王妃宛ての偽善的な手紙を書かせ、宮廷での体面を保っていけるだけの財力がないので下がらせていただきますと別れの言葉を告げさせた。この恐喝めいた戦略はその後も長く続くことになり、マリーはすっかり騙されてしまった。ヨランドは女官の官職も、王妃が相当の報酬を付けて勧めてくれた着付け係の官職も断ったため、王妃はもともとローザン公爵に提示されていた王妃付き主馬寮長の襲職権を、* 一七七七年九月一日付でポリニャック伯爵に与えた。[12] ポリニャック一派はライバルに勝利した。王妃にとって特に重要だったのは、ポリニャック夫人のために宮殿内に四部屋からなる住居を確保したことだ。王妃は大いに喜び、九月一四日付で母に宛てて手紙を書いている。「テッセ殿の後任には、ポリニャック殿を就けました。ポリニャック殿は国王に仕える連隊長で、立派な家柄の出です。私は彼の奥方をとても好いております」。ヨランドの夫であるということが、ポリニャック伯爵の唯一の栄誉なのだ。国王も諸手当として、ポリニャック伯爵が抱えていた四〇万リーヴルもの負債を肩代わりした。

ポリニャック夫人の手にした寵愛は、ヴェルサイユの大事件だった。確かにポリニャック家は立派な旧家だが、宮廷で重職に就いているノアイユとかロアンとかモルトマールとかラ・ロシュフーコーのような王族に近い大貴族ではない。ブリュンヒルドやメリュジーヌの末裔だけが、王族に近づく特権を持っているのだ。** マリーは母に宛てて、「こうした一団はあまりに強大な権力を手にしています」と書いており、彼らの支配力を削ぎたいと考えていた。新たな支持者たちの

* 上巻113頁参照

** ブリュンヒルドはゲルマン神話の女神で、六世紀のフランク王国の摂政ブルンヒルドをモデルにしていると言われる。メリュジーヌはフランスの伝説に登場する蛇の姿をした妖精で、フランス君主の血統を汲むと言われていた

足元を固めるには、寵愛や特典を与えてやらねばならない。メルシーはこうした状況を観察し、不安を覚え、王妃がポリニャック夫人に着付け係の役職を与えるつもりであることを女帝に報告した。彼曰く、「〔ポリニャック伯爵夫人は〕二〇歳をわずかに過ぎたばかりで、宮廷に地位を得たこともなく、家柄からしてもヴェルサイユに上がれる身分ではありません」。だが世間では、王妃が彼女に対し「特別な好意を寄せており、分別をわきまえた人や賢明な人ならそのことを当然と考えている」と言われていた。この分別をわきまえた人とはディアーヌやヴォードルイユであり、回想録でポリニャック夫人の「昇進」のために一肌脱いだと豪語するブザンヴァルだ[13]。怠惰なヨランドは、王妃の寵愛を確実にするために骨を折ろうなどとはしないから、周りが裏から手を回さねばならない。王妃に好意を示されれば敬意をもって応えるが、がつがつすることはない。彼女は幸福と不安の間で揺れており、それがさらに王妃の愛情をそそった。王妃はディアーヌとヴォードルイユというコブ付きのポリニャック夫妻に特別待遇を与えたので、一同は舞踏会に出席したり、王妃の内輪の集まりに参加したり、馬車に同乗したりする特権を得た。サン＝プリエ伯爵が指摘したように、「マリー・アントワネットは、歴代の王妃たちが女官たちと乗っていた重くて豪華な馬車の代わりに、ポリニャック夫人、ヴォードルイユ殿やブザンヴァル殿と共に瀟洒な二輪馬車に乗った。（中略）士官も護衛官もいない。一団は飛び跳ねるようにトリアノンに向かった。彼らは無邪気だったのだろうが、その自由さは中傷の的になった」

ヴォードルイユはこの新たな寵愛に有頂天になり、ヨランドへの嫉妬を装った下手な詩を詠んだ。

あなたの幸運を真似たり嫉妬したり
そわそわする宮廷人の
うっとうしい群れを見ていると
過ぎし歓楽や
無名だったころの
純粋な幸せや静けさが思い出され
涙が流れます（中略）

こうした危険な寵愛や
不自然な華々しさや
偽りの見かけや
高くつく幸福にも

あなたの心は奪われませんでした
愛らしい王妃が
変わらぬ愛情を約束してくれようと
一生の友情は宮廷では見つからないことを
心しておきませ

ヴォードルイユはあまりに傲岸で、その嫉妬を御することなどできなかった。だが彼らほど王妃の寵愛を受けた者はいない。数々の資料は、この「一派」の栄達がどのようにして政治派閥に変化を及ぼしたかを述べている。それまでの王妃の取り巻きたちは俗物根性と貴族特有の思い上がりから、国王の閣僚たちと対立してきたが、ヴォードルイユ一派は進んで政治家たちから恩恵を引き出し、政治家たちも彼らの意見を無視できなかった。しかも、普段は女性に冷淡なルイ一六世もヨランドの温和な魅力には心ひかれたのか、彼女が同席するのを好み、安らぎをもたらしてくれるおしゃべりを楽しみ、結果的に彼女の存在や意見を必要とするようになった。サン＝プリエ伯爵の言葉を借りれば、「国王はほんの少しだけ彼女に好意を寄せていた」。国王を動かすには、王妃の「お友達」に仲介してもらう手があることを閣僚たちが理解するのに、そう時間はかからなかった。

ポリニャック夫妻に政治的野心は一切なかった。そもそも彼らは、この分野に関して大した見識は持っていなかったのだ。だがヴォードルイユは違った。ヨランドは自分に対しつねに優しさと感嘆を示してくれる王妃に、少しずつ誠実な気持ちを強めていった。「彼女は自分が宮廷に巻き起こした影響にほとんど無関心だった。彼女の心を動かしたのは王妃が示した思いやりだけだった」「彼女は宮廷を嫌っていて、王妃への愛着と感謝だけが彼女を引き留めていた。ジュール夫人以上に高潔で無欲だった者はいない」とリーニュ大公は述べている。おそらく大公はポリニャック一派の戦略にまだ気付いていなかったのだろう。ヨランドは金銭にはほとんど執着しなかったが、ジュールの方は妻ほど無欲ではなく、金銭に異常な執着を示し、豪勢な生活を送って誰よりも目立とうとした。知力では他に抜きん出ることはできないので、豪勢な暮らしぶりでそれを補い、評判と敬意を集めたいと願った。王妃のおかげで手にした権力と優越感は何とも心地よかった。主馬寮長の職に就くや、名誉欲に取りつかれたようになり、王妃に厩舎の馬を四〇頭と、それに伴う馬車や人員を追加するよう依頼した。彼の下には一四名の「お仕着せを着た従僕」がいたが、これも倍増するよう願い出て、彼らの俸給を五〇三リーヴルから七五九リーヴルに上げた。彼個人の厩舎でも馬を一八頭から二五頭に増やし、四台だった馬車は六台に増えた。また収容しきれない使用人を住まわせるために、ヴェルサイユ、コンピエーニュ、フォンテーヌブローに年間契約で家を借りた。

ポリニャック夫妻の狙いは主に贅沢で安楽な生活だったが、魔法使い《アンシャントゥール》はそれだけで満足することはなかった。ヴォードルイユは国政に参加したことはなかったが、政治に影響力をふるうことを夢見ていた。尊大な彼は自己観察をしては、重大な局面で助言を求められ権勢をふるう陰の権力者としての自分を思い描いて悦に入った。大臣を指名したり罷免したりするのは国王の特権だ。その特権を手に入れることこそ、最高の権力ではないか、そう彼は考えた。ヴォードルイユにとっては金銭的利益ももちろん重要だが、策略そのものが喜びだった。それ自体が目的であり、策略を巡らせて陰で動き、人を昇進させたり失墜させたり、他人の生活に入り込んで進退を操ったりと、その姿はまるで、チェスでポーンを操っているかのようだ。彼にはどこか誇大妄想じみたところがあり、それを見抜いていたブザンヴァルは、「貴君には戦略家としての才能がある」とおだてて、自らの目的を果たすのに利用していた。こうした人間ゲームでは、プレーヤーはつねに誰かに騙されることになる。

好機は一七七五年一〇月初旬に巡ってきた。陸軍大臣ル・ミュイ元帥が他界し、後任にカストリ侯爵を押すブザンヴァルは、ポリニャック夫人に働きかけるようヴォードルイユを説得した。

夫人は政治のことも軍隊のこともよくわからないが、いつものようにヴォードルイユに従った。一派は王妃にたかったが、王妃は娯楽ばかりを追いかけて、彼らの話もぼんやりとしか聞いていなかった。国王に一派の希望を伝えたが、国王は承諾せず、サン＝ジェルマンを後任に任命した。国政を動かすには、ヴォードルイユとブザンヴァルはさらに腕を磨かなければならなかった。

ヴォードルイユは仕返しに、ヴェルサイユを去り、一七七五年の暮れの数週間をヨランドとパリで過ごした。彼らは王妃にあらかじめ連絡もせず、許しも得ずに、こっそりと出発した。王妃は二人の薄情さを嘆き、伯爵夫人への執着をさらに強めた。歴史家ゴンクール兄弟の言うように、「マリー・アントワネットの懸念といえば、ポリニャック夫人を持ち上げること。王妃の位置にまで高めて、自分はポリニャック夫人の位置に下がろうとした。彼女の頭には、自分の生活を女友達の生活に近づけることしかなかった」。初めて妊娠すると、こうした感情はさらに増した。ほとんどパリに行かなくなり、娯楽も慎もうと考えた。自分が最善を尽くして王太子を授かろうとしていることを、国民に示したかったのだ。アメリカ独立戦争が勃発して、フェルセンやローザンのような若い士官たちはこぞってアメリカに渡り、莫大な戦費が生じたため、宮廷は高額な費用のかかる外出を減らす、あるいは廃止する必要にかられた。それなりに節度ある単調な生活を送る中で、ヨランドをそばに置いておきたいとの王妃の願いは強まるばかりだった。

ヴォードルイユの浅ましく残酷な計算は大変な効果を上げ、マリーはヨランドをヴェルサイユに戻すには次はどのような好意を示せばよいだろうと頭を悩ませる始末だった。その後の一七七六年から八三年にかけて、寵愛は雨あられと降り、ヴォードルイユは揉み手をして喜んだ。女官のアデマール夫人は炯眼にも、「ポリニャック夫人は日ごとに王妃の心に入り込んでいる。（中略）ヴォードルイユ伯爵は大喜びで、ディアーヌ伯爵夫人にも親切とも言える態度を取っている」と、彼らの影響力のほどを語っている。

その二年後にも、この三人組は政治的駆け引きを仕組んだ。今回、ブザンヴァルはヴォードルイユに、カストリは海軍にとって有用な人物であり、友人セギュールは陸軍大臣として適任であると説いた。そのためにはヨランドから王妃に働きかけて、こちらに引き込まねばならない。メルシーは財務を担当するネッケルも彼らと共に動いているのではないかと疑っていた。「取り巻きたち」を率いるヴォードルイユに支持され、王妃から国王に口添えしてもらったおかげで、それぞれが大臣に就任した。ヴォードルイユもブザンヴァルも自分の権力にのぼせ上がったことは言うまでもないだろう。それからしばらくして、ヴォードルイユの高圧的な態度に気を悪くしたカストリが、フランス元帥兼海軍大臣を相手にしていることを忘れてはいまいかと言ったとき、ヴォードルイユは「忘れるはずがありません。私がその地位に就けて差し上げたのですからな。

むしろ貴殿がその点をお忘れなきよう」と答えたという。ヴォードルイユの高慢ぶりは手が付けられないほどになっていた。[14]

二度あることは三度ある。政治への横槍に激怒したモールパは国王に不満をぶつけ、国王は遅まきながらも、王妃の取り巻きの言うがままになってしまったことを悔いた。彼は王妃に不満をぶつけ、王妃は遅まきながらも、取り巻きにうまく乗せられてしまったことを悔いた。王妃はヨランドとヴォードルイユに不満をぶつけたが、二人は悪びれもせず、宮廷を去ると脅す。彼らの常套手段であるゆすりだ。王妃は涙に暮れて、結局譲歩した。

この出来事が一つの転換点となり、モールパは王妃や取り巻きの政治への介入をはねつけ、王妃を遊びに専念させようと考えた。カンパン夫人によれば、「老大臣は一計を案じて、王妃を放っておくべきであること、王妃には機転が、その取り巻きたちにはかなりの野心があることを国王に指摘した。また取り巻きたちは王妃を国事に介入させようとしているので、むしろ中身のない事柄に熱中させるがままにした方が害がないことも知らせた。ヴェルジェンヌ殿もモールパ殿同様、王妃への介入に反対していた」と記している。ヴォードルイユは王妃の影響力は絶大で、ヨランドを介して思うがままに利用できると考えていたが、その力は少しずつ弱まり始め、寵愛を振りまいていくつかの官職と年金を与えるくらいに限られたので、国事への介入は一切なくなった。

ヴォードルイユは気前のよい王妃から数々の厚遇を搾取しても、完全に支配下にあるヨランドを通して王妃を操って全能感に浸るときほどの喜びを感じなかった。彼は自分たちは気に入られているという錯覚に陥るあまり、慢心すれば確実に嫌われることをすっかり忘れていた。

彼は頭脳的な楽しみに溺れることなく、金銭的な特典も重視した。ヴォードルイユとヨランドのおかげで王妃の鷹揚さの恩恵にあずかった最初の一人がアンドロー伯爵夫人――ベルシャッス通りの修道院で二人の出会いに一役買った女性――だ。二人はルイ一五世王女たちの朗読係を務めていたアンドロー夫人のために、退職と一万五〇〇〇リーヴルの年金を願い出た。さらに王妃はディアーヌをアルトワ伯爵夫人付きの女官から王妹エリザベート付きの女官に指名させた。ジユールは三一歳にして、王妃付き主馬寮長に任命された。報酬は八万リーヴル以上と実入りがよく、一五〇頭の馬を購入し、手入れせねばならないが、手持ちの住居よりもさらに広い居室が与えられる。彼の着任に際し一〇万リーヴルが下賜された。その少し後、彼の従兄弟カミーユ・ド・ポリニャックがモー司教となり、二万二〇〇〇リーヴルの年金を手にした。アントワーヌ＝アンリ・ダンドロー*は駐ブリュッセル大使となり、アグラエ・ダンドローの夫シャロン伯爵は駐ケルン大使に任命された。一七七九年にはヨランドとジュールの娘アグラエが、国王夫妻から

＊ アンドロー夫人の息子

八〇万リーヴルの持参金を付けられて、翌年に一二歳でギーシュ公爵と結婚した。ギーシュ公爵は国王の勅許状により守備隊長に任じられ、七万リーヴルの収益の上がる領地を与えられた。金銭的特典は次々と与えられ、目も眩むような額に達した。

一七七九年春、ポリニャック夫人は王妃と同じく麻疹にかかり、かなり衰弱した。恥知らずなヴォードルイユは、大金を手にするための策を打った。ディアーヌの援護を受けた彼は王妃に、ヨランドのためにロレーヌ地方の王領に位置するビーシュ伯爵領を願い出た。この領地からの収入は一〇万リーヴル以上に上る。この法外な要求をするにあたり、ヴォードルイユはアルトワ伯爵の支持を取り付けていた。ラ・マルク伯爵は「ヴォードルイユ殿とディアーヌ・ド・ポリニャック伯爵夫人は、王妃は頻繁に自分たちの要求に従わないと感じていた。そこで、王妃よりもずっと気前よく望みを叶えてくれるアルトワ伯爵に相当なおべっかを使ったのだ」と述べている。王妃も、義弟がヴォードルイユに弱く、言いなりになっていることを知っていた。「ヴォードルイユ殿が弟に好かれていて、彼の庇護さえも必要でないことは周知の事実です」と述べている。

だが今回ばかりは王妃は屈しなかった。しかもヨランドの具合が悪いのは、妊娠しているからだとわかったのだ。生まれてきた子は父と同じくジュールと名付けられたが、「三文記者」たちは本当の父は誰かと書き立てた。「ジュール夫人はヴォードルイユの居室で無事出産した。マリー・

アントワネットは枕もとにつききっきりで、出産したばかりの夫人の世話をした。（中略）ポリニャックは男の子を産んだ。つまりヴォードルイユは男の子を作れるわけだ。いつか我々にも王太子が与えられるだろう」。もう八か月もヨランドの夫がプロヴァンス連隊で勤務していることは、宮廷中が知っていた。民衆はヴォードルイユはヨランドの愛人であり、王妃の愛人でもあると噂し合った。新聞は面白がって、「王妃はヌイイーのある邸宅で宴を開いたが、ヴォードルイユ氏は皆が花火に夢中になっている瞬間を狙って、アーチの下で妃殿下と二人きりになったことが明らかになった」と書き連ねた。『ヴォードルイユのデキャンパティヴォ』と題された版画では、王妃と魔法使い《アンシャントゥール》が茂みに身を隠している。地方からヴェルサイユにやってきたある者の証言も載っていて、宮殿のスイス兵の間に入ったところ、「白い部屋着を着て、髪の毛が乱れた王妃がいた。腕にかけられたタフタのケープの端は床についていた。彼女は、深紅の服を着て手に馬用の鞭を持ったヴォードルイユ氏の腕の中に飛び込むところだった」とある。革命期には、こうした不確かな話に尾ひれを付けた下劣な文書が流布することになる。「ルイよ、私生児、寝取られ男、自堕落な女を見たいなら、鏡を見よ、王妃を見よ、王太子を見よ！」と。

ヴォードルイユは自分が王妃に好かれていないことを知っていたし、彼女の愛人になろうとも考えていなかったが、法外な金銭的特典を逃すつもりはなかった。彼は国王に三万リーヴルの年金を願い出て聞き入れられ、マリア＝テレジアを憤慨させた。マリー・アントワネットは母に、「ヴォードルイユ殿は王国に仕えた立派な一族の出で、ご両親も現在の戦争で功績を立てています。決して恩寵を受けようなどと思ったことはなく、裕福な方なので、金銭的な援助も必要となさっていません。島に大変な財を所有していらっしゃいますが、戦争のためにその収入が途絶えています。国王は年金ではない形で三万リーヴルをお与えになりましたが、それも戦争が終わるまでのことです。これは国王にとっては全く苦にならないことです」と書き送ったが、そんな言い訳は通用しない。ヴォードルイユは見事な手腕を発揮し、無欲な男性というイメージを作り上げて、大変な額を手にした。用心深い彼はすぐに年金をアルトワ伯爵の所有する森林領地と交換して、資本に組み入れた。こうしておけば年金の権利を取り上げられても安心だ。彼は王妃が言うほど高潔で無欲な人物などではなかった。

若きルイ一六世の指導者的立場のモールパは何かにつけ王妃に反対し、公然とポリニャック一派を嫌っていた。王妃が国事に介入しないよう、取り巻きたちの中に閉じ込めておくべきだと主張した彼もお手上げ状態で、モンバレー大公[*]に、財政危機にあるというのに国王は王妃の取り巻きたちの言うなりで、彼らと対立しても無駄だと助言した。結局モンバレー大公はモールパの

＊ 44頁参照

助言に耳を貸さず、大臣の地位を失った。エステルアジは「彼は王妃がグラヴリーヌ*指揮官にヴォードルイユを推す前に、ポンテクーラン氏を指名したため、王妃の不興を買ったのだ」と述べている。[15]

＊＊＊

王妃に対する魔法使い《アンシャントゥール》の影響力は、音楽やとりわけ演劇をはじめとする芸術全般において色濃く見られた。当時宮廷人たちはこぞって演劇に夢中になり、多くの貴婦人たちは喜劇に挑戦し、自宅に舞台や小道具を備えるのが流行っていた。しかもヴォードルイユには役者としての才能があった。ジャンリス夫人は「彼は流行の先端を行っていて、その姿は何とも端麗だ。モレ[16]を完璧に真似、あらゆる恋人たちの役を演じる。さほどの才知があるわけではないが、素晴らしい所作だ」と述べている。彼は一見、知恵者には見えず、噂好きの老ジャンリス夫人も騙されているが、その実王妃が政治よりも演劇や音楽に熱を上げていることを見抜いていた。彼はヴェルサイユでは策士として憎悪と嫉妬を集めていたが、パリでは先見の明のある芸術のパトロンとして称賛と敬意の的だった。趣味のよいヴォードルイユはパリのラ・シェーズ通り七番地に邸宅を購入し、

* フランス北部の港町

家具や絵画を手広く蒐集した。[17] 評論家ベネデッタ・クラヴェリは「彼の友人であるブザンヴァルやカロンヌも芸術品を蒐集していたが、ヴォードルイユほどの能力も見識もなかった」と述べている。彼は邸宅でもジェンヌヴィリエ城でも、誰彼なしに多くの人をもてなした。この城はフロンサック公爵から購入したもので、小劇場が設置された。容姿端麗で美声の画家ヴィジェ＝ルブラン夫人もこの舞台に立ち、観客をわかせたことがある。ヴォードルイユは人気の役者たちを集めて上演し、デュガゾン嬢やギャラなどは彼の催した豪華な宴をのちのちまで語った。彼は「同等の者たちや目下の者たちには、受け取るのと同じように惜しみなく与える」と言われていた。しばらくの間作曲家アンドレ・グレトリを家に迎え、一七八二年一月には『宮廷のコリネット』という作品を献上された。[18] 邸宅でも城でも裕福な客を招いて宴を催し、宮廷人や芸術家など才知あふれる人々が通った。

また多数のパリの作家や芸術家を寝泊まりさせ、食事を提供し、あらゆる種類の文筆家たちを手厚くもてなした。とりわけ、パリの文学サロンの寵児ニコラ・シャンフォール[19]にはかなり肩入れし、友人として扱った。シャンフォールはその見返りに、「魔法使い《アンシャントゥール》」をほめ讃えた。ヴォードルイユは彼を大いに引き立てて、王妃の関心を引いた。一七七八年、シャンフォールはフランス座で悲劇『ムスタファとゼアンジール』を上演し、大成功を収めた。ヴォードルイユから話を聞いていた王妃はパリまで足を運び、桟敷席でシャンフォールを紹介され、国王が彼のために王室の催事担当部署《ムニュ・プレジール》の予算から一二〇〇リーヴルの年金を割り当てると伝えた。こうしてヴォードルイユは才能を発掘する手腕を王妃に示し、自らの株も上げた。だがここには一切の欺瞞はない。というのも、ヴォードルイユは心からシャンフォールに――彼の革命的思想にもかかわらず――感服していたからだ。シャンフォールもヴォードルイユに謝意を示し、「私とヴォードルイユ伯爵は交流を深め、ここを去るなど考えられないほどになった。私たちの友情はこれ以上ないほど完璧で、思いやりに満ちている。（中略）往々にして文人と宮廷人の間には、共通の利害から非常に安定した永続的な関係が生まれる。しかし、私たちの関係は友人であり、友情という言葉がすべてを語っている」と述べている。だが、フランス革命はどんなに分別のある者からも理性を奪い、知性を捻じ曲げて歪みきった卑怯者の屑としてしまうことになる。シャンフォールも厚顔にも、自分に手を差し伸べてくれたヴォードルイユの恩を仇で返した。ヴィジェ＝ルブランはこれに衝撃を受け、「のちに彼は革命派の友人たちから、かの貴族の邸宅で生活したことを責められて、卑怯にも『だから何だというのだ。私は暴君ディオニュシオス*の宮廷のプラトン同様だったのだぞ』と答えた。ヴォードルイユ殿がどのような暴君だというのだろう。いや、そもそもシャンフォールがいかなるプラトンだったのだろう！」と述べている。ヴォードルイユは才能ある文人を見出す目は持っていたが、友情に目を眩まされ、手を差し伸べる相手を間違ったよ

* ディオニュシオス二世は紀元前四世紀のシチリア、シラクーサの支配者。プラトンに師事した

うだ。

　一七七七年、魔法使い《アンシャントゥール》はメンツをかけてマリーを説得し、その二八年前にパリを去ったヴォルテールを戻させた。これはパリ中の噂になり、最新作の悲劇『イレーヌ』がコメディ・フランセーズで上演されることが決まるとさらに話題となった。年老いてなお不屈のヴォルテールは、国王のおべっか使いになり下がることをよしとせず、スイスとの国境に近いフェルネに移り住んだ。ルイ一五世は彼に不信感を抱き続け、一七五〇年にはパリに望ましからぬ人物との烙印を押した。ルイ一六世も哲学者全般に対する先入観を受け継ぎ、特にヴォルテールには警戒して宮廷への伺候を禁じた。だが王妃はこれに異を唱えた。「ジョフラン夫人は哲学者たちの育ての親と言われた女性です。その女性をムシー元帥は数年前に私にご紹介くださったのに、私たちが哲学の第一人者であるヴォルテールを迎えるのを拒むのはおかしなお話ですわ」と。彼の著作のほとんどは発禁に処されており、本人も前立腺癌を患っていた。つねに自分が病気なのではないかと怯えていたが、今度ばかりは本当に病気のようだ。何十年もの間彼と対立してきた聖職者たちは敵意をむき出しにしたが、ヴォードルイユはマリーに王妃たる者、芸術や哲学者たちの友としての誉れを手にできるかどうかは、ひとえにヴォルテールの帰還にかかっていると説得した。そしてまたしてもルイ一六世は譲歩した。

ヴォルテールはパリに到着し、テアタン河岸に建つヴィレット侯爵宅に身を寄せた。一七七八年二月一三日、ポリニャック夫人とヴォードルイユは、帰還したばかりの新たなパリの英雄を訪問した。ポリニャック夫人は、祖父でパリ警視総監のルネ・エローがこの文人を幾度となくバスティーユ牢獄送りにしたことを忘れたのだろう。ヴォードルイユはヴォルテールに、宮廷を恐れることはありません、王妃もできれば自ら宮廷にお迎えしたかったのですが、と語った。三月三〇日、ヴォルテールは『イレーヌ』の上演に向かった。ヴォードルイユとヨランドにとってこの上演は勝利の証であり、モルトマール侯爵夫人の桟敷席から観劇した。隣の桟敷席には兄の反対にもかかわらずやってきたアルトワ伯爵の姿があった。この夜の栄光を少しでも利用しようと、魔法使《アンシャントゥール》いは自分がこの「偉人」の帰還の立役者だと方々で吹聴した。

ヴォードルイユが王妃のために初めて芝居を上演したのは一七七八年八月のことで、翌一七七九年、八〇年、八二年と続いた[20]。マリーはすでに王太子妃時代から、ルイ一五世に隠れて芝居を楽しんでいた。民衆からの支持をすっかり失ってしまった今となっては、舞台に立つと息の詰まる毎日から解放されて、フォンテーヌブロー城の私室の青とバラ色の天井のような軽やかな喜びが支配する天へと昇る心地がする。魔法使《アンシャントゥール》いはオペラ・コミックを引退した有名な役者カイヨや、普段はシャンティイの舞台に立つ歌手リシェの助けを借りて、新たな一座を率いた。王妃には役者ダザンクールを付けて、演技とセリフ回しのレッスンを受けさせた。

唯一の観客は国王とアルトワ伯爵夫妻だった。マリーはお愛想の拍手は王妃としてではなく女優、女性としての自分に向けられていると信じ、満悦だった。王妃の一団が最初に上演したのは『王と農夫』。その後、ヴォードルイユは音楽のあるなしにかかわらず様々な演目を提案した。ほとんどがスデーヌやモンシニーによる二流の喜劇やオペラ・コミックの単純な小品で、素人でも簡単に歌える小アリアがちりばめられていた。マリーのお気に入りは小間使いや羊飼いの役で、『予定外の無謀な企て』では「私たちその他の小間使いは……」とセリフを語った。誰もが王妃は「堂々たる大根役者」と考えていたが、ルイ一六世は大いに楽しみ、笑いをこらえ、口笛を吹き、割れんばかりの拍手を送った。「国王は足しげくあらゆる準備に足を運ぶ。どうやら、この種の気晴らしに興味をそそられたようだ。(中略)特に王妃が演じるときには、長々と拍手をして、満足ぶりを示した」とグリムは非難がましく書いている。こうした罪のない娯楽さえも、風刺作家たちにとっては格好の材料だった。『失われた木靴』という作品で王妃はバベという名の役を演じ、恋人の口づけを受けてこう歌う。

あなたの心は喜びにあふれんばかりで
純粋な行いとは言えません

あなたに差し上げようと思っていたものをこんなふうに返してくるなんて
どうしたらあなたを許すことができましょう

恋人役はアルトワ伯爵が演じ、口づけも身内ならよくするような仕草だったが、世間は憤慨し、メルシーも怒りを爆発させた。だが舞台裏のヴォードルイユは、自分こそが王族を満足させ、楽しませるのだと悦に入り、一七八〇年にルソーの歌劇『村の占い師』をマリーと演じたときも鼻高々だった。

ヴォードルイユは演劇の分野で最大の手柄を収め、王妃から一目置かれるようになった。ボーマルシェによる一七七八年の有名な『狂おしい一日あるいはフィガロの結婚』は、歯に衣着せず特権階級を告発し、貴族社会への疑問を呈した作品で、ルイ一六世はパリやヴェルサイユ宮殿で私的に何回か読み、「何とおぞましい。上演などありえない！」と発禁に処した。だがヴォードルイユは無責任にも、「この名作を世に出す」ことを誓い、王妃とアルトワ伯爵の支持を取り付け、『結婚』なしとは何とも惨めだ」と事あるごとに公言した。気球と同じくうぬぼれも、膨らみきると地から足が離れる。彼らは協力して手を回し、国王を丸め込んで、私的に上演する許可を取り付けた。数か所が検閲され修正された末の一七八三年九月二六日、ヴォードルイユのジェンヌヴィリエ城の舞台で開幕した。社交界は衝撃を受け、発禁処分を受けた作品は世間の好奇心を一身に集めた。ボーマルシェは驚きと共に、「この作品の成功は、作品自体よりもさらに常軌を逸している」と口にした。だがこの上演を後押しした王妃は後悔し、「頭の固い人」などと言われないよう病気を装って欠席した。それでも作品は大成功で、七か月後の一七八四年四月二七日にはコメディ・フランセーズの舞台で一般上演された。ヴォードルイユはこれを自身の成功と考え、またしても思い上がったが、それがどのような結果を及ぼすかにまでは思い至らなかった。彼にとっては洗練、知的な大胆さ、完成度こそが重要なのであって、そこにいかなるイデオロギーが含まれていようと頓着しなかった。

＊＊＊

マリー・アントワネットは、トリアノンかポリニャック夫人のところで夕べを過ごす。国王が同行することもあり、「王妃がポリニャック夫人を訪れるときは、公爵夫人の使用人が訪問者を案内する間、王妃の従者は長時間待たされた。ヨランドは女主人の定位置である暖炉の横にいて、王妃は彼女のそばのソファに客人のように座っていた」と歴史家ナタリー・コラ・デ・フランは記している。娯楽を担うのは魔法使い《アンシャントゥール》だが、彼のもたらす楽しみは、ゲメネ公妃――一七八二年に破産して、当分の間贅沢を控えている——の集まりでの娯楽よりもずっとまともだったことは認めねばならない。

ほぼ毎日のように王妃と親しく行き来していたポリニャック一派への寵愛と厚遇は高まる一方で、一七八〇年には頂点に達した。この年、母マリア＝テレジアが没した。マリー・アントワネットはフランスに輿入れしてから一度も母と再会することはなかったが、深い敬愛の念を抱き続けた。その悲しみはあまりに深く、ますます親しい者たちを必要とした。こうした傾向を後押ししたのがアルトワ伯爵だが、アルトワ自身もヴォードルイユに操られていた。ポリニャック伯爵は世襲公爵に格上げされ、人々はこの昇格は、公衆を前にした大正餐で王妃が食事をしている間、「お友達」が折り畳み式床几に座れるようにとの配慮からだと噂した。* メルシーは辛辣に、「今や、国庫を犠牲に領地を購入して、そこに公爵の称号が確立されようとしているのです」と書いている。数か月後、今度はヴォードルイユが大鷹番頭に任命された。この官職はアントレーグ侯爵の後空いたままだったが、ヴォードルイユが最後の保持者となった。[21] 一二〇五年にさかのぼる名誉職で、相当実入りがよく、すでに国王から下賜されていた年金と相まって相当な富をもたらした。

ヴォードルイユは王妃の寵愛に頼りきりになることなく、自分を兄のように慕うアルトワ伯爵

＊ 大正餐で国王夫妻の前で床几に座ることが許されていたのは一握りの公爵夫人のみで、大変な特権とされていた

の友情も抜け目なく引き留めた。一七八二年夏には彼に従って、ジブラルタル包囲戦に参加している。一七七九年に始まったこの戦いには、アメリカ独立戦争を有利に運ぶため、戦略的地点である小半島ジブラルタルをイギリスから奪取する狙いがあった。フランスはスペインと共同戦線を張り大規模な資源をつぎ込んだが、不成功に終わった。歴史家ジャン＝クリスチャン・プティフィスの指摘するように、アルトワとヴォードルイユは、「戦争を雅やかな宴や内輪の夕餐や宮廷駆け引きの延長くらいにしか考えていなかった派手な装いの多くの副官」に囲まれて出発した。九月一三日にフランス・スペイン軍艦隊が大敗したときも現場にいたがなすすべもなく、大砲や弾薬を積んだ小舟は砦前に配置につく間もなく、イギリス軍の砲撃を浴びて全滅した。二人は勇気ある負け兵士として意気消沈のまま一一月にヴェルサイユに帰還し、宮廷は敗北の苦痛に包まれた

そうした次第だから、なぜヴォードルイユが一七八三年六月八日に聖霊勲章*を授けられたのかはわからない。同時に授与されたエステルアジ伯爵をはじめとする者たちは、戦場で誰もが認めるような戦いぶりを見せたのだが。ヴォードルイユの場合は王国に何らかの寄与をしたからではなく、その誇大妄想を満たすために便宜が図られたまでのことだ。巷ではこんな小唄が流行った。

＊アンシャン・レジームのフランスにおいて、貴族たちが憧れたもっとも格の高い勲章。青綬だったため、コルドンブルーとも呼ばれている

寵愛の風が吹き、美徳の堕落をものともしない運命の
歯車が動くのが目に入る
運命はあらゆる者たちに栄光をもたらす
ヴォードルイユとモンテスキューはかつて堕落に耽っていたが
今やそれを取り除かれ
栄誉も威厳も恥も美徳も
誇りも英知もない英雄となった

ヴォードルイユはますます権高になり、すっかりアンジヴィエ伯爵の後任として国王建築物部長官になったつもりでいる。この官職は名誉ある地位で、実入りもよく、赤字続きの家計を助けてくれるはずだ。彼は本能的優越感から、自分には恐れるものはもはや何もないと考えた。王妃の前でも、彼女の好む飾りのなさと尊大さをはき違えて傍若無人に振舞った。マリーは王妃としての自分への敬意を欠くような振舞いを許さず、あからさまな不作法にうんざりしていた。だが何よりも彼女の気に入らなかったのは、彼が長いことポリニャック夫人の「あまりに親密な友人」の座に我が物顔で居座っていることだった。彼女はポリニャック夫人に、自分が会いに来るとき

にはヴォードルイユとは顔を合わせたくないと伝えた。だが今や公爵夫人となり、自分の支配力に自信を得たヨランドは、「妃殿下が光栄にもサロンにお越しくださるからといって、私のお友達を追い出してよいというわけではありませんわ」と答えた。官職保持者用の居室を手に入れられたのは王妃のおかげなのに、そこに迎える人は自分で選ぶというわけだ。これでは本末転倒である。親友の鋭い言葉は胸に突き刺さった。マリーはその痛みを見せなかったが、すっかり白けてしまった。すべてはヴォードルイユのせいなのだ。彼女はラ・マルク伯爵に「ポリニャック夫人を恨んではいません。本当は善良な人ですし、私を好いてくれています。けれども周囲の者たちに従わされているのです」と書き送った。ある人の証言によれば、「フランス革命の四年前には、王妃はポリニャック夫人に会いに行く前に必ず近侍を送って、誰がいるのかを確認し、回答次第では行かないこともしばしばだった」。彼女は公爵夫人のソファに四六時中陣取っているヴォードルイユと顔を合わせないよう、ヨランドにこちらに来てほしいと頼んでいた。

王妃のヴォードルイユに対する不信感は募る一方だった。一七八二年にヨランドがゲメネ公妃の後任としてフランス王家の子女の養育係に任命されると、翌年にはヴォードルイユが王太子の教育係のポストを希望した。だが、王妃はすげなくはねつけ、カンパン夫人に「養育係を選んだときには自分の気持ちを充分優先しました。王太子の教育係の指名には、お友達たちの影響は一切受けたくないのです。この点、私には国への責任があるのですから」と語っている。この頃になると、王妃は以前よりも自分の取り巻きに対する民衆の不満に耳を傾けるようになり、そうした批判の根拠について自問するようになっていた。

一七八三年一〇月、ヴォードルイユはヨランド一派を援護に付け、シャルル＝アレクサンドル・ド・カロンヌを財務総監に指名してほしいとしつこく王妃に迫った。これをきっかけに、王妃とヨランドの仲はひどく気まずくなった。ヴォードルイユやブザンヴァルは、カストリもセギュールも自分たちのおかげで大臣になれたのに、カロンヌの就任に反対したと知って激怒した。カロンヌは極めて有能で、財務総監には理想的な人物だったが、王妃は腹黒いとして嫌っていた。それでも財界からの圧力を受け一七八三年一一月三日に就任し、派閥の溝は深まる一方だった。カロンヌは一七八七年四月に失脚するが、ヴォードルイユとポリニャックらはありとあらゆる手を使って、自分たちの莫大な負債に寛大な彼を引き留めようと画策する一方、王妃は夫を責め立てて彼の罷免を要求し、火花を散らす戦いとなった。今回勝利を収めたのは王妃で、カロンヌの招集した名士会が挫折したことがその原因だった。カロンヌの罷免は、ヴェルサイユにおけるヴォードルイユの力の衰えの表れでもあった。反ポリニャック一派の動きが活発になり、表向きはヨランドの湯治のため、ポリニャック夫妻はイギリスのバースで六週間を過ごした。

カロンヌ失脚のずいぶん前から、ヴォードルイユは風向きの変化を察知し、反感を和らげようと宮廷と距離を置いた。一七八四年、かつてヨランドに夢中になっていた駐イギリス大使のアデマール伯爵が卒中の発作に襲われ、ヴォードルイユはロンドンへ向かった。「口さがない者たちは、王妃の寵愛を競ったライバルにこれほどの思いやりを示すとはヴォードルイユも見上げたものだと言い、真面目な者たちは、いつもと同じく今回もヴォードルイユは善良な心の声に従ったまでだと言った」とボンベル侯爵は記している。現実はそんな美談ではなかったはずだ。例えば一七八五年に首飾り事件が起こると、ヴォードルイユは堂々とロアン枢機卿を支持したが、ショワズール＝グフィエ公爵やナルボンヌ伯爵と共にネーデルラントへ向けて数か月の旅に出、リーニュ大公のブロイユ城に数週間滞在した。つまり、あらゆる口実を使って存在感を消すのは、自らに向けられる反感を和らげるための常套手段だったのだ。

＊＊＊

ルイ一六世も高慢なヴォードルイユにはうんざりしていて、これ以上この鉄面皮を庇護してやるつもりはなかった。王族の中で魔法使い《アンシャントゥール》にまだ好意を寄せているのは、アルトワ伯爵だけだった。財政緊縮を迫られた国王は、大鷹番頭の官職を一時的に停止することにした。数か月後、友人で銀行家のサン＝ジェームズ[22]が破産すると、ヴォードルイユの金銭状況は危機に瀕した。そこでポリニャック夫人が間に入って国王に救済を打診したが、国王は冷たく「返済すればいい話でしょう。もう私はこうした常軌を逸した行為の肩代わりをするつもりはありませんよ」と答えた。マリー・アントワネットも好意を見せてはくれなかった。借金で首が回らず、国王や王妃からの援助も期待できないヴォードルイユは、債権者たちからの執拗な取り立てに悩まされた。差し迫った返済分としてアルトワ伯爵が一〇万リーヴルを用意してくれたが、それでも手持ちの資産を処分して返済に充てなければならなかった。一七八七年夏にはジェンヌヴィリエ城を売却し、翌年にはすでに差し押さえられていたラ・シェーズ通りの邸宅も処分せざるをえなかった。一一月にはジャン＝バティスト・ルブランが中心となり、ジャンルを問わず絵画、家具、美術品を売却し、手元にはヴィジェ＝ルブラン夫人に注文した四枚の肖像画だけが残った。

　九月、王妃の取り巻きにとどめの一撃が加えられた。王妃は国王の依頼を受け、財政全般に関する政策に協力した。取り巻きが占めていた官職の一部が返上されることになったが、これを本人たちに伝えるのは王妃の役目だった。トリアノンで野外パーティーを催し、ポリニャック夫妻、ディアーヌ、ヴォードルイユ、ブザンヴァル、エステルアジ、コワニー、ビシェット、シャロン夫人、ポラストロン夫人、アンドロー夫人らが招待された。ポリニャックは占めている官職の中でももっとも実入りのいい駅逓長官の職を手放さねばならず、コワニーは主馬寮長の職をいやいやいながら解かれ、ヴォードルイユは一時停止していた大鷹番頭の職の廃止が決まったと知らされた。ブザンヴァルは「今日手にしているものが明日もあるのか定かでない国で生きるとは、何と恐ろしいことだろう」と記している。

ヴォードルイユはもはや望みなしと見て、負債清算の全権をポリニャック公爵に託し、ヴェルサイユを後にした。秋になると、親戚のパロワ伯爵と共にローマへ向かった。パロワ伯爵は美術の愛好家で、デッサンと版画を本格的に手がけるために除隊までした人物だ。ローマでは、友人でローマのフランス・アカデミーを率いる画家フランソワ＝ギヨーム・メナジョと、フランス人なら大歓迎してくれる老ベルニ枢機卿に迎えられ、八か月を過ごした。金銭の心配や寵愛の失墜を忘れようと、教会、美術館をくまなく巡り、個人コレクションを訪ねては孤独を癒した。

一七八八年六月にパリに戻ったときには、もはや帰る家はなかったもののコネはあった。アンジヴィエ伯爵に便宜を図ってもらい、テュイルリー宮殿のオレンジ用温室《オランジュリー》の付属建物に身を寄せた。相変わらずプライドは高いが、高慢さは和らいでいた。宮廷やパリに再び登場し、相変わらず人をひきつけて放さない才気煥発さで人気の的となった。だが彼はもはや横柄な寵臣ではなく、今までの成功には実体が伴っていなかったことを理解した。いくら騎士的に振舞いたいと思っても、昇進するには愛人を操るのが関の山だった。何と惨めなことだろう！　ヨランドを虐げ、友情を求める王妃を利用して、妻に頭の上がらない国王から便宜を引き出してきた。とてもほめられたものではない。彼の胸にはかつてシャンフォールに言われた言葉がよみがえった。「貴殿の目には梁はありませんが、眼鏡には埃がかかっています」*

久しぶりにトリアノンに戻ってみると、取り巻きたちの一部は姿を消し、かつての楽しい生活も遠い幻となっていた。安穏とした気楽さには終止符が打たれ、世情から来る不安が支配していた。マリー・アントワネットも国王と一七八四年に購入したサン＝クルー宮殿で過ごす方を好み、トリアノンには来なくなっていた。王妃は帰京したヴォードルイユを無視こそしなかったが、よそよそしい態度は変わらなかった。長い間魔法使い《アンシャントゥール》に指示されながら生きてきたヨランドにとって、彼の不在は忘れていた自由な時間であり、彼の帰りを心から歓迎したものの、手放しで喜んだわけではなかった。もっとも嬉しがったのはエリザベート・ヴィジェ＝ルブラン夫人で、ひそかに歓迎の宴を準備し、招待客は全員「ギリシャ風」の装いで彼を驚かせた。「一〇時、ヴォードルイユ伯爵とブタン殿の馬車が到着した音が聞こえた。私はダイニングルームの扉を左右に開かせておいた。二人は扉の前まで来ると、私たちがグルックの『パフォスとニドの神』を歌い、キュビエール殿が竪琴で伴奏しているのを目にした。このときのヴォードルイユ殿たちほど驚き、

* 他人の欠点ばかりあげつらって、自分の欠点が見えていない

呆気に取られた表情を私は見たことがない」と回想している。

パリでの生活は、ヴェルサイユ宮廷の憂さを晴らしてくれた。無分別な宮廷策術には別れを告げ、相変わらず魅力的で一分の隙もないこの中年伊達男の価値をわかってくれる、洗練された人々とだけ付き合い、そうした輪の中で活躍しよう。彼は一八世紀に特有の「立派な男性《オネット・オム》」になり、傲慢さや怒りっぽい面はなりを潜めた。だが、変わるには遅過ぎたようだ。犯した過ちはなかったことにはできないし、運命は後戻りできないところにまで来ていた。

一七八八年夏、三部会開会が発表されると、ヴォードルイユは第三身分の議員数が他の二倍になることを予想し、不安を募らせた。彼は開会に反対する激烈な文書を国王に送り、アルトワ伯爵にも署名させたが、ルイ一六世が耳を傾けたのは、世論を抑えておくために不可欠なネッケルの意見であって、軽率さから政治的信用を失った魔法使い《アンシャントゥール》は無視された。扇動者たちはあらゆる変化に異を唱える一方、国王は融和を望んだ。世の中が不安定になり出した頃から、ヴォードルイユとアルトワは一種の反動的な王党派的一派を結成し、人々を混乱させ、国王の政策の足を引っ張った。

一七八九年六月一七日の討論では、ミラボーの論に勢いを得た代表たちが国民議会を制定し、二〇日には室内球戯場《ジュー・ド・ポーム》で誓いを立てた。討論に立ち会ったヴォードルイユは茫然とするばかりだった。翌日、危機に瀕した第二身分〔貴族〕の代表者たちは国王に援護を提案したが、国王はこれを退けると共に国民議会の決議に反対し、代表たちの胸に激しい恨みが生じた。ルイ一六世は会議におもむき、結局は圧力に屈した。二三日、ヴォードルイユと数人の友人たちは万一の場合には国王一家を守ろうと、ヴェルサイユ宮殿へ向かったが、王妃は「もはや誰かに守っていただく必要はございません。国王は人々が期待する以上のものをお与えになり、悪意ある者たちは武器を捨てました。これからは皆が一致団結することでしょう」とすげない態度だった。ヴォードルイユは「妃殿下、ネッケル殿は国王について議会へ行ったのでしょうか」と尋ねた。「いいえ。なぜそんなことをお聞きになりますの？」「今日、大臣が糾弾されなければ、明日には王政が破壊されてしまうからです」。王妃は話を切り上げ、ヴォードルイユは「妃殿下の不興を買ってしまったことは苦痛ではございますが、私は決してご寵愛と自らの義務の間でためらいなどはいたしませぬ」と言って退出した。

間もなくパリは興奮状態に陥った。ブザンヴァルは「パリは錯乱の頂点に達した」と書いている。貴族が迂闊に外出でもしようものなら、ならず者たちが馬車のステップに上り、罵声を浴びせる。パレ・ロワイヤルではアルトワ伯爵やポリニャック夫人の人形が燃やされ、バスティーユ監獄が陥落すると、伯爵やその仲間たちの危機感はさらに強まった。ルイ一六世はアルトワ、ポリニャック、ヴォードルイユに宮廷を去るよう命じた。別れは胸を引き裂くようにつらく、ヨランドは失神し、運び出さねばならなかったほどだ。ジュールは憔悴しきっていた。ヴォードルイユは「私は王妃のもとへ行き、片膝をついて口ごもりながら別れの言葉をいくつか述べた。私の方にお向けになった顔には、涙が流れていた。『ヴォードルイユ、あなたは正しかったのです。ネッケルは裏切り者。私たちは負けたのです』。あのときのお声の調子は一生忘れないだろう。私はお顔を拝見しようと、恐る恐る顔を上げた。すでに王妃は冷静で泰然たる様子を取り戻されていた。私だけの前で彼女の本心があらわになった。ほかの宮廷人たちは、王妃の王者としての顔しか見なかった」と述べている。この後彼らが顔を合わせることは二度となかった。

七月一六日夜、アルトワと腹心ヴォードルイユは近習グライとフランス衛兵中隊長エナンを伴い、荷物も持たず、三〇ルイ金貨だけをポケットに入れ、馬に乗ってヴェルサイユを去った。遠回りをしてシャンティイの森まで行くと、コンデ大公の馬車が待っていた。そこからナミュールへ向かったが、途中ヴァランシエンヌに駐屯しているエステルアジに会った。ヴォードルイユは高熱を発していた。「誰もがひどく疲れていた。私は自分の駐屯部隊を信頼しており、民衆も落ち着いているように見えたので、アルトワ伯爵に私の家で一日を過ごすよう勧め、伯爵はこれを受けた」とエステルアジは述べている。まだ現実を把握していないアルトワ伯爵は権高に「三か月もしたら戻ってくる」と言ったが、ヴォードルイユは流浪生活はもっと長引くだろうと予想していた。一方、ポリニャック公爵夫妻はディアーヌ、一か月前に出産したばかりの娘のアグラエ、バリエーヴル神父とともに着の身着のままでベルリン馬車で出発したが、途中でパンやワインを購入し、馬を替えるためだけに四日間も足止めされた。二一日夜、ポリニャック一行はスイスに到着し、ブザンヴァルの親戚でバーゼルに住むロール騎士宅に迎えられた。数日後、ヴォードルイユから手紙が届いた。無事フランドル地方に到着したという。八月一四日には、全員がスイスで再会した。

その後アルトワは義父であるサルデーニャ国王のもとに身を寄せた。彼はポリニャック一家をヴォードルイユに任せ、ヴォードルイユは悲しみに打ちひしがれながらも敬愛する伯爵と別れた。「殿下の不在に慣れることはないでしょう。誓って申し上げますが、殿下のいらっしゃらないところで私がその他の友人たちに示す友情の証は、彼らなしで殿下と共に出発したときにお示しした友情の証と同じくらい強いのです」。ヴォードルイユは彼らをローマのベルニ枢機卿のもとへ連れて行き、枢機卿は以前と変わらず歓迎してくれた。

以降、各自が稚拙に王政を救おうと奔走することになる。アルトワは武力行使を主張したが、ヴォードルイユは彼をたしなめた。「ご自身のためには何もなさらず、国王と王家の栄光、国民の幸福のために全力を尽くすことこそが、私が勧めうる最良の役割でございます。我が主《あるじ》である国王方の玉座が盤石であるのを見て、喜びのうちにこの世を去れればいいのですが」。だがこの世を去ったのは彼ではなく、国王と王妃だった。死は容赦なく襲ってきた。王妃の処刑から二か月後の一七九三年一二月四日から五日にかけての夜、ヨランドが息を引き取った。その三日前から、ヴォードルイユはディアーヌ以外の者の入室を禁じていた。愛人の死は彼を打ちのめした。「私はあらゆる思考の対象、相談相手を失った。私は彼女によって、そして彼女のために生きていた。彼女はあらゆる魅力と美点と徳を備えていた。彼女を失っても私はなお生きている！　もはや私はこの世の、そして私自身のお荷物に過ぎない」。そして彼女の墓に「苦痛によって死せり」と刻ませた。深い悲しみを抱えながらも、彼は追放の長い年月を生き続けねばならなかった。

　革命の嵐が過ぎ、ナポレオンによる帝政が終わりを告げると、ヴォードルイユはフランスに帰国した。ルイ一八世*は彼をフランス同輩衆**に取り立て、ルーヴル宮長官に任命した。ヴォードルイユは一八一七年一月一七日に息を引き取り、国王は彼の心臓をサン＝ジェルマン＝ロクセロワ王室教会***のサン＝ランドリー礼拝堂に埋葬させた。魔法使い《アンシャントゥール》もいつかはこの世を去るのだ。

* かつてのプロヴァンス伯爵
** 国王の直臣。大貴族に与えられる称号
*** 現在のルーヴル美術館東

フェルセン伯爵

「欠点を疑われるよりも、弱点を見せたほうがましだ」
ディドロ

マリー・アントワネットの心を震わせた美貌の男性、ハンス＝アクセル・フォン・フェルセン。しかしだからと言って、多くの人が信じるように、彼らの間に肉体関係があったことになるのだろうか。単なる王妃の不倫話だったら、人々はこれほど想像力をたくましくしただろうか、この宮廷恋物語はブルジョワ好みの小説のような結末を迎えただろうか。その通りと断言する向きもあるが、こうした問いを真剣に検討してみる価値はある。

マリー・アントワネットとアクセルの物語は、彼が一七七三年一一月に初めてフランスに滞在したときから、一七九三年一〇月に王妃が処刑されるまでの二〇年にわたって続いた。だがそこにはいくつもの欠落がある。というのも、フェルセンはフランス宮廷とスウェーデン宮廷を行き来していた上、王妃との往復書簡の大部分が破棄され、あるいは判読不可能で、多くの謎が残っているためだ。少なからず奇妙な想像がこうした空白を補い、雑音となって、一部の真正な文書や明白な事実から信頼性を奪っている。確かにフェルセンとフランス王妃の関係を取り巻く伝説が、絶対に叶わぬ恋というドラマ性を王妃の悲劇的運命に添えていることは否めない。この悲劇は二人の物語を聖なる伝説という型にはめ込んだ。

王妃がフェルセンに一方ならぬ想いを抱いていたことは歴史上有名だが、それはこのスウェーデン人の特異な人物像に負うところが大きい。フェルセンは誇り高い騎士的美点を備え、フランス革命によって消滅することになる階層、すなわちアンシャン・レジームの大貴族を体現していた。稚拙ながらも身を挺して王妃を救おうとしたこと、彼自身も劇的な運命をたどったことは、二人の関係を耐え難いほどつらく胸が張り裂けそうな、英雄的とも言えるものにしている。多くの人にとって、フェルセンとはあらゆる徳の中でももっとも地味な「献身」の象徴であり、犠牲者なのだ。だがそれがすべてではない。自尊心もまた、彼の中で非常に重要な位置を占めている。現実よりも夢を好むマリーにとって、彼は古代の寺院からやってきた忠実で控えめでまっすぐな意志を持つ騎士、不幸な若い王妃に仕える現代版ランスロット、*宮廷小説に登場する無口で思慮に富み犠牲を厭わない英雄だった。官能には目覚めていないがときめきを求める王妃の想像力が、こうした人物に刺激されないわけがなかった。

＊アーサー王伝説の円卓の騎士の一人

人目を引かずにはいない男性的な魅力、傲慢なまでの自尊心、並外れた知性、圧倒的な威厳を備えたフェルセンを前にしたら、王妃の心を狙うライバルたちは負け戦を強いられたも同然だ。この世でもっとも豪奢な王国の王妃には、誰よりも華やかな男性こそが似つかわしい。宮廷中の女性たちが恋い焦がれ、王妃の取り巻きたちを悔しがらせ、ヨーロッパ中の指導者たちを憶測で振り回すような男性が。

フランスびいきのストックホルムでは、人間はフランス人、フェルセン家、その他の人々に分かれると言われていた。人々の尊敬と嫉妬を集めていたフェルセン家はポメラニア地域*出身のゲルマン・バルト系で、一七世紀にスウェーデンに移り住んだ。一世紀かけて王室に仕え、三人の元帥と三人の議員を国務諮問会議に送りこみ、有力者としての地位を築いた。アクセルの父フレドリクは有力な高官、雄弁な演説家であった。当時ルイ一五世はフランス一の美男と謳われたレドリクはスウェーデン一の美男と言われていた。議員であり、スウェーデン議会リクスダーゲンの大元帥であり、貴族からなるハッタナ党の党首でもある。ハッタナ党はフランスからの支持を得、宮廷派と対立していたが、[1]フレドリクの国王に対する忠誠心は不動だった。アクセルの母ヘドヴィグ・カタリナ・ド・ラ・ガルディは遠い祖先がフランス出身で、[2]王妃付き

* 現在のポーランド北西からドイツ北東に相当

奉公人団《メゾン》を率いていた。叔父、叔母、従兄弟。誰もが非常に裕福で、国の要職に就いていた。母の姉で科学者のエヴァ・エレブラッドのように、アカデミーの第一線で活躍した者もいた。フェルセン家の女性は修道僧をも血迷わせるような美女ばかりで、アクセルの伯母シャルロッタ・フレドリカ・シュパラーは、フランス宮廷で「美しきバラ」と謳われ、彼女の娘でアクセルの従姉妹、ウラことヘプケン男爵夫人ウルリカ・フォン・フェルセンは新古典派の彫刻家ヨハン・トビアス・セルゲルの『美しき臀部のヴィーナス』のモデルとなったほどである。[3] ウラと妹のレーウェニアーム伯爵夫人アウグスタは、宮廷一優雅な二人組と言われた。アクセルの妹で愛らしいソフィーは兄と瓜二つで、グスタフ三世の弟エステルイェートランド公爵フレドリクを夢中にさせた。しかしスウェーデン国王は、フェルセン家ほどの家柄にもかかわらず、身分違いとして結婚を認めなかったばかりか、弟をヨーロッパの旅に出し、ソフィーは急き立てられるようにずっと年上で侍従を務めるピパー伯爵と結婚させられた。だが、アクセルの弟のファビアンはセーデルマンランド公爵夫人と長い間愛人関係を続けて、一族の留飲を下げた。というのも、セーデルマンランド公爵もグスタフ三世の弟であり、のちにカール一三世として即位するからである。つまり、スウェーデン王家とフェルセン家の間には、何らかの親近性があったと言える。女性は才色兼美、男性は才能豊かで容姿端麗のフェルセン一族は、運にも血にも恵まれているように見えた。少なくとも彼ら自身はそう信じていたし、世間を納得させようと強烈な特権階級意識もあらわに努力を惜しまなかった。

当時のヨーロッパ貴族社会は国際色豊かで、フレドリク・フォン・フェルセンの名も国をまたいで知れ渡っていた。彼は汎ヨーロッパ運動が起こる前から、旧大陸国家間の外交の重要性を理解し、自国だけで名が通っていても何の役にも立たないと、結婚前に各国を巡り歩いた。こうと決めたら動かない性格で、厳格かつ誇り高いカルヴァン派*であり、極めて怜悧で、敵対者さえ彼の一徹した実直さには敬意を払っていた。フレドリクは敵に回すと怖い人物だった。一七五六年にスウェーデン王妃ロヴィーサ・ウルリカ――プロイセンのフリードリヒ大王の妹――はブラーエ伯爵の協力を得て、ハッタナ党の反対勢力を弾圧しようとしたが、フレドリクは裏をかいて伯爵を死刑に処した。伯爵には身重の妻がいて、夫を助けようとフレドリクの足元に身を投げ出して懇願したという。フェルセン家の男たちは北欧人らしく厳格で、冷たい外見の下には類を見ない激しさと炎のような魂が隠されていた。

フレドリクと妻の間には、ヘドヴィグ、アクセル、ソフィー、ファビアンの四人の子どもがいた。アクセルは一七五五年生まれで、マリー・アントワネットと同い年ということになる。一家はストックホルムのブラジホルメン地区の、バルト海を見渡す館に住んでいたが、内陸部ユング

* プロテスタントの一派

スブロ近くにフレドリクが建てたユング城に滞在することもあった。[4] いずれもグスタヴィアン様式の素気ない軍隊的な建物で、子どもたち四人の生活も決して明るくはなかったが、不幸でもなかった。母フェルセン伯爵夫人は厳しく、子どもたちに進んで愛情を示すことは少なかった。父は圧倒的な権威を持ち、教育に目を光らせていた。この父親像はアクセルの生涯に極めて重要な影響を及ぼし、アクセルは父が一七九四年に没するまで、一族にふさわしくあらねばとの義務感にかられ続けた。子どもたちは羽目を外すことも許されず、厳格な教育を受けた。貴族たる者、「高貴な者に課された務め《ノブレス・オブリージュ》」を果たして、一族の名に恥じない能力と作法を身につけねばならず、それを外れることなど許されなかった。それぞれは一族が受け継いできた遺産に属しているのであり、遺産が各自に属しているわけではない。つまり、その遺産を最良の形で体現しなければならないのだ。そのために不可欠なのがフランス語での教育だった。フランス語はヨーロッパエリートの共通言語であり、子どもたちも母国語同様に習得していた。こうした厳しいしつけにもかかわらず、子どもたちはそれなりに幸せで、歴史家フランソワーズ・ワジュネールが「アクセルは幸せで調和の取れた子ども時代を過ごし、バランスの取れた人間に成長した。自らの出自を知り、自分は何者であるか、どうあるべきかを知っている人特有の自信を備えていた」と述べているように、教育の目的は果たされた。

兄弟は仲がよく、特にアクセルは一九か月年下のソフィーと気が合い、半身のように近い関係だった。二人とも控えめで、同じような感性を持っていた。こうした兄弟愛が、贅沢や愛情とは縁遠い厳格な教育を埋め合わせていたことは確かだ。カルヴァン派の簡素な家庭に育った彼らにとって、伯父カール・ラインホルトのステーニンゲ城は楽園のように思えた。バロック様式のこの美しい城はストックホルムとウプサラの中間に位置し、一家は生きる喜びを重視するフランス風の生活を送り、従姉妹たちはとても親切だった。伯父には娘しかいなかったため、のちにアクセルはこの城を相続することになる。

若い頃のフェルセンはスポーツ万能な上に勇敢で、周りを圧倒するような美丈夫だったため、家族からは「長身《ランゲ》アクセル」と呼ばれた。すらりと均整の取れた容姿、気品ある顔立ちは注目を引いた。彼の存在は周囲を圧倒し、冷たく神秘的な美貌だが、単調とか生気に欠けていたわけではなく、人々の興味をそそった。明るい茶色の髪、深いブルーグレーの瞳、それを引き立てる濃い眉。いつ見ても真面目な表情。アーリア人よりも地中海人に近い浅黒い肌。ティリー伯爵はのちに、「フェルセン殿は私が今まで会った中でもっとも美男の一人であり、冷たい容貌だが、女性たちは少しでも彼の表情を明るくできると期待できれば、そうした冷たい容貌を嫌がることもない」と述べている。女性たちは彼を嫌がるどころか、恋い焦がれていた。その上、彼は自分の魅力を意識せず、気付いたら女性たちを魅了していた、という一種天真爛漫なたぐいの男性なのだ。だが微笑みもそれ以外の表情も見せず、悲しいのかとさえ思わせる。北欧人でありプロテスタント教徒である彼は、自らの感情を完璧にコントロールしていた。話すときも控えめな姿勢を崩さず、会話が弾むことも少なかった。同時代人たちは、彼から一つの質問への回答を引き出し、さらに二つ目の質問への答えも返ってきたら、三つ目の質問をしようなどとは思わない方がいい、と言っていたほどだ。

レヴィ公爵は、彼の何ものにも動かされない平然とした態度を無感動から来ると考えていた。こうした態度以外にも、射貫くような強さを持った、じっと相手を見つめる暗い瞳も強い印象を与えた。といっても、嫌悪感や恐怖感を起こさせるわけではない。それどころか、静かなる自信が感じられ、人をひきつけて離さない。彼と向き合う者は、冷静沈着な性格とは裏腹な燃えるような瞳と、超然とした話しぶりに魅了される。大貴族らしい貫禄と風格は決して傲岸というのではなく、彼の属する階級の誇りを感じさせる。物腰は尊大だが、高飛車ではない。ただ、人を見下したようなところがなきにしもあらずだ。むしろ謎めいた雰囲気に人はひかれ、女性たちはロマンティックだと夢中になった。その意味では、シャトーブリアンの原形といってもいいかもしれない。フェルセンは小説の主人公のような存在だが、小説といってもフランス小説ではない。何しろ彼は、ラテン人らしい図太さや活気に欠けていたのだから。

＊＊＊

衛兵隊で見習士官だったアクセルは一六歳の時に、ヨーロッパ先進国の習慣を身につけ、法律を学ぶための修学の旅「グランドツアー」へと出発した。同行した家庭教師、ボレマニー男爵は人のいい、控えめなハンガリー人だった。この旅の第一の目的はフランス的精神の習得だった。というのも、ヨーロッパ各国の貴族たちはフランスの流儀にならって生活していたからだ。アクセルは決して道楽者ではなかったし、父からは旅行中幾度となく、ドイツでは兵学を、イタリアでは古代文明と芸術を修めて人間性を深めよと言われていた。実際、アクセルの興味は軍隊に向いていたが、豊かな感受性は芸術にも無関心ではなく、イタリアで過ごした二年の間に歴史、建築、絵画を学んで愉悦に浸り、とりわけ音楽には大きな喜びを見出した。トリノ、ローマ、ナポリをくまなく巡ると同時に、若い地中海女性たちから官能教育も受けた。申し分ない貴族、社交人になるための旅は、卓越した観察・分析精神をも育てた。

一七七〇年六月三日の出発の日に始まる彼の日記や妹ソフィーとの往復書簡は、旅の詳細をつまびらかに見せてくれる。ドイツのブラウンシュヴァイク、ストラスブール、スイスで六か月かけて兵学を学んだのちに、夢のイタリアへ向かった。文章を書くことを通して、人物や状況の主要な傾向を把握する訓練を楽しみながら積み、感じがよいながらも極めて用心深い人物へと成長した。ソフィーへの手紙では、父譲りの軍人らしい厳格さとはかけ離れた、若者独特の情緒が窺える。「愛しい妹よ、あなたを愛すること、あなたも私に同じくらい強く優しい友情を抱いてくれると知ることは、私の唯一の幸福です。（中略）さようなら、誰よりも親愛なる友よ。私があなたを愛するのと同じくらい、私を愛してください」。どうやら長旅を通して、若きアクセルの感性が目覚めたようだ。控えめながらも、時に複雑な感情を記した書簡には雄弁な面も見える。生涯を通して、彼の心の奥には憂愁が巣くっていた。ルソーに感化された世代らしく、若者ならではの、そして時代特有の情動と哀愁《メランコリー》を抱き、『新エロイーズ』のように「生きるとは感じること」を体現していた。女友達のコルフ夫人は彼について、「氷のような外見の下に燃えるような魂を秘めている」と述べている。こうした熱情は、政治の分野にも及んだ。例えばローマ滞在中の一七七二年九月にスウェーデンでクーデターが起き、二六歳のグスタフ三世が一滴の血も流さずに、母后でプロイセンのフリードリヒ二世の妹でもあるロヴィーサ・ウルリカをはじめとする貴族たちの勢力を抑えたとの報に接したときには、全身の血が騒いだ。新国王は思慮深く、勇気があり、国民の幸福のために尽力していると考え、熱狂的に支持した。

　一七七三年一一月一六日にパリに到着したときには、ストックホルムを発って二年半が経っており、彼も一八歳になっていた。パリは「グランドツアー」の仕上げであり、ボレマニーと共にスウェーデン大使クロイツ伯爵宅に滞在した。クロイツは鋭い審美眼を持ち、音楽や哲学に造詣が深く、多数の宮廷人たちと親しく交流していた。二人はすぐに意気投合し、クロイツは自らこの若い旅行者の案内役と助言役を買って出た。アクセルは彼を通してリュクサンブール元帥夫人、ブフレール夫人――タンプル城に住んでいたコンティ大公の愛人で、「タンプルの偶像」と呼ばれていた――、アンヴィル公爵夫人、スウェーデン国王とごく親しくしているブリオンヌ夫人やラ・マルク伯爵夫人など、パリ社交界を牽引する多くの著名な女性たちと知り合った。社交生活の鍵を握っているのはこうした女性たちだ。魅力的なスウェーデン人がパリを訪問中だとの噂はすぐに広まり、クロイツはサーカスの熊の調教人のごとく大喜びした。それまでも定期的に同国人を迎えてはいたが、これほど人気を博した滞在者は初めてだ。長身《ラング》アクセルは主要な場に出入りしたが、そのたびに女性たちは心ときめかせた。かの哲学者ディドロの娘マリー＝アンジェリーク・ディドロもその一人で、ソルボンヌでアクセルと机を並べて物理の授業を聴講した。

彼の人気に勢いを得たクロイツは、一七七四年一月一日にアクセルをヴェルサイユに伺候させた。国王に紹介されたのち礼拝に出席し、さらに――これは絶対に外してはいけない義務だ――国王の寵姫デュ・バリー伯爵夫人のもとを訪れた。王太子夫妻にも紹介されたが、新聞はこの会見について何ら述べておらず、アクセルもあくまで社交的かつ外交的な冷たい仮面を外さなかった。いずれにせよ、この日に若い二人が一目ぼれをしたということはなさそうだ。だがすべての宮廷婦人がそうだったように、王太子妃マリー・アントワネットも、光り輝きながらも謎めいた美貌のこの矛盾した人物に目を奪われないではいられなかった。しかもその数日後の一月一〇日には王太子妃主催の舞踏会で、他の宮廷人同様ご機嫌伺いに出席したアクセルと再会して、さらに印象が深まった。舞踏会は愉快というよりも形式的で、午後五時から九時まで続いた。カルヴァン派のアクセルは豪奢なヴェルサイユの雰囲気にも呑まれることなく、むしろ退屈を覚えた。型にはまった舞踏会が終わると一目散にパリへ戻り、もったいぶらない、より親し気な集まりを楽しんだ。特に、彼の長い長いフランス人の恋人リストの上位に登場するブランカ公爵夫人との親密な交流は格別だった。彼はヴェルサイユ宮廷の堅苦しい舞踏会よりも、「こぢんまりとした楽しい舞踏会」を好み、「ブランカ夫人宅の舞踏会では五、六人のダンサーがいて、私たちは一時間かけて夕食をとった以外、朝六時まで踊り明かした」と書いている。これがマリーとアクセルの第一の共通点だ。アクセルは宮廷人を信用せず、信頼に基づいた親密な友情を重視した。

アクセルと同じくマリーもパリに魅了され、幾度となくルイ一五世にパリの夜会に行く許可を願い出ている。二人が再会したのもそうした夜会の一つだった。一七七四年一月三〇日にオペラ座で開かれた舞踏会は、のちのちまで語り継がれることになる。あれから、どれほど多くの媒体でこの出会いが取り上げられてきたことだろう。一九五六年にはジャン・ドラノワ監督、ミシェル・モルガン主演、リチャード・トッド出演の『マリー・アントワネット』で当時の様子が美しく再現されている。

オペラ座はパリの歓楽の殿堂で、アクセルもすでに一月五日に足を運んでいた。三〇日の夜、彼はまずロシア大使館でストロガノフ伯爵主催のコンサートを楽しみ、アンヴィル夫人宅で夕食をとってから、クロイツと共にオペラ座へ向かった。オペラ座では誰もが――大公も公爵夫人も宮廷人も女優も放蕩者も高級娼婦も――入り交じって押し合いへし合いし、大変な喧噪だった。アクセルはすぐに、「白いドミノ」を着て仮面をつけた若い女性に話しかけられた。彼女は到着したばかりのアクセルを観察していたのだ。二人は冗談を言い合い、音楽について話し、グルックの『オルフェ』が好きだという点で一致した。女性――マリー・アントワネット――は、この男性がヴェルサイユで自分におべっかばかりを使う気取った宮廷人とは違っていることに驚きを感じた。上滑りなへつらいなどとはほど遠く、その話ぶりは飾り気がなく、やや直截だが無礼なところは一つもなかった。おそらくマリーは、こうした思いがけない自然な物腰にひかれたのだろう。この感情はゆっくりと愛情へと芽吹いていくことになる。当たり障りのない会話は立ち話の域を出なかったが、アクセルは物見高い人々が自分たちの周りを囲み始めたことに気付き、興味をそそられた。それにしても、この女性は何と甘美な声で話すことか。そうしているうちに、彼女は寄ってくる人々の群れの中に消えてしまった。少しすると、彼女が王族用の特別席で王太子とプロヴァンス伯爵の間に座っているのが見え、アクセルははっとした。いつか王妃になる女性を見分けられなかったとは我ながら何と迂闊なとあきれ、傲慢さがへし折られ、自尊心が傷ついた。

当時の二人の関係はここまでだった。アクセルの人柄は魅力的だが、一介の外国人訪問者に過ぎなかった。ヴェルサイユ宮廷には、その威光にひかれて、あるいは一旗揚げようと、毎年何百人もの訪問者がやってくる。マリー・アントワネットは外国人を喜んで迎え、宮廷人との違いを観察していた。「少なくとも彼らは私に何もねだりません」。それでもエステルアジ伯爵のように、幾人かの外国人に格別の便宜を図ることもあった。クロイツ伯爵、高名な博物学者イェール男爵、フランス軍に入隊したクルト・フォン・ステディンク伯爵のように、すでに王族にひいきにされているスウェーデン人たちもいた。中でもグスタフ三世の庇護を受けていたエリック・スタール・フォン・ホルシュタインはスウェーデン大使館書記官に任命され、ルイ一六世からも高く評価され、就寝の儀式の際にも話しかけられて宮廷人を驚かせたほどだ。アレクサンドル・ロスランやアドルフ・ウルリッヒ・ヴェルトミュラーといったスウェーデン出身の才能ある肖像画家たちも、宮廷で名声を得ていた。北欧の星と呼ばれるスウェーデンはヴェルサイユの太陽のもとでも輝き続ける人材を送り出していたのだ。すでにいくつかの情事でたっぷりと経験を積んでいたアクセルにとって、マリーはあくまで王太子妃であり、女性としては見ていなかった。自分に見せてくれる親切さは、適切なタイミングに出す切り札として取っておけば、昇進の助けになりそうだ。

春になっても、アクセルはパリの社交界を楽しみ続けたが、フランス軍で兵学を修めることも忘れなかった。彼はパリのスウェーデン人社会で頭角を現し、一躍人気者となり、じきにあちこちから対応しきれないほどの招待を受けるようになった。彼なら、「ドイツは旅するための国、イタリアは滞在するための国、イギリスは思考するための国、フランスは生きるための国」と言った哲学者ジャン・ダランベールの言葉に深くうなずいただろう。

だがルイ一五世が前触れもなく病に倒れ、五月一〇日に天然痘でこの世を去ると、この現実逃避めいた楽しい生活に突如として終止符が打たれた。宮廷もパリも喪に服し、あれほど楽しかった毎日は単調となり、アクセルはこれを機にイギリスに寄ってからスウェーデンに帰国しようと考えた。スウェーデンを出発してから、ほぼ四年が経っていた。彼は新国王夫妻にお悔やみを述べ、フランスを出発すると告げた。これは形式的な手続きで、アクセルもマリーも何ら特別な感慨は抱かなかった。彼は五月二六日にロンドンへ向けて出発し、クロイツ伯爵は二九日にグスタフ三世に宛てて、次のように記した。「若いフェルセン伯爵ほど、当地へいらしたどのスウェーデン人よりも社交界の歓迎を受けた方はいません。伯爵は王族方から大変よくしていただきました。伯爵以上に思慮深く、礼儀正しい振舞いなど考えられません。眉目秀麗な伯爵が、社交界で大変な人気を博さないことなどありえません。そして伯爵は完璧な成功を収めたのです」。同国人たちからの支持を狙う大使は、あえてそれ以上のことは記さなかった。

一七七四年末、アクセルは父の願いを受けてストックホルムに戻った。スウェーデン国王は過敏なほど感受性の強い同性愛者で、才気があり、教養も深く、叙事詩や古代神話を愛する人物だった。彼は自らの軍隊と宮廷を華やかに彩ってくれるであろう優れた臣下の帰国に喜んだが、強大な力を持ち、数々の要職に就いているフェルセン一族には不信の目を向けていた。グリプスホルム宮殿やウルリクスダール宮殿で次々とスペクタクルや宴が催され宮廷人たちが招かれたが、アクセルは退屈し、偉大なるドイツ、溌剌としたイタリア、洗練されたフランスに比べ我が同国人は何と精彩を欠くことかと感じた。「宮廷の居室は大きくもなく、家具も豪華というわけではない。(中略)国王の寝室には古びた寝台があり、赤いビロードは煤ですっかり黒ずんで脂が染み込んで、その前には銀糸の縫い込まれたカーテンがかかっている」と日記に書いている。貴婦人たちは彼の姿にうっとりとするが、彼は彼女たちに退屈し、王妃については「全く美しくない」と断じている。国王の生活は目まぐるしく、寵臣グスタフ・アームフェルトに頼りきりで、アクセルは二番手に甘んじるしかなかった。つねにトップの座を占めてきたフェルセン一族の自分が、である。

彼は束縛と退屈から逃れようと、スモーランド連隊の竜騎兵隊長の職に全身全霊で打ち込んだが、実戦の機会がないのが惜しまれた。若く雄々しい野心に満ちた彼は、行動したいという熱情を御しかねた。一族がフランスとの関係を保ち続けていたことから、フランスのロワイヤル・バヴィエール連隊員数外士官のポストが彼のもとに舞い込んできた。それを聞いたアクセルは、もはやスウェーデンから脱出することしか考えられなくなった。折よく、父も息子を裕福な女性と結婚させたいと考えていたところで、ストックホルムでは理想的な候補者は見つからず、父の友人からキャサリン・リエル嬢を紹介された。スウェーデン系で、父はロンドンの銀行家だという。非の打ち所がなく、東インド会社のメンバーである二人の独身の伯父の財産を相続することになっていた。アクセルは大して興味もなく、父の要望に積極的に応える気もなかったが、この機会を利用してスウェーデンを後にした。一七七八年四月、イギリスへ向けて出発。途中立ち寄ったフランス北部では、プロイセンとオーストリアの間でバイエルン継承戦争が勃発しそうだとの噂でもちきりだった。

ロンドンに到着しリエル嬢に会ってみると、感じのよい女性だったが、イギリスを去って寒いスウェーデンに住むつもりはないことがわかった。アクセル自身もどうしても結婚したいわけではなく、リエル嬢を無理に説得するつもりもなかったので、少なからず安堵して妹にこう書き送った。「親愛なる妹よ、すべては決着が付きました。私は相手の家族から断られたのです[6]」。父が他の縁談を見つけてこないうちに、アクセルは「クロイツと仕事をするか、戦争に行くか」の目的で、ロンドンから真の目的地パリへと向かった。

一七七八年八月に到着したアクセルは、クロイツの大歓迎を受けた。長い間不在にしていたから、「調子を戻さねば」ならない。宮廷を不在にすれば、あっという間に別の誰かに取って代わられてしまうのだ。観察眼の鋭いスウェーデン大使クロイツはアクセルに、新王は意志が弱いが「周囲を公正な人々で固めている」こと、王妃は軽率で下らぬ楽しみばかりを追いかけていることを語った。アクセルは自分の目で判断しなければならない。到着から二日後、クロイツは彼を宮廷へ連れて行った。二人のスウェーデン人はブルトゥイユ男爵令嬢マティニョン夫人の邸宅で軽食をとってから、王妃のもとへ上がった。ルイ一六世が即位して以来、四年ぶりの再会だった。アクセルは「王妃は魅力的で、私に『ああ！　古いお友達がいらしたわ』とおっしゃった」と書いているが、つねに衆人の目が向けられていることを知っているマリーは、それ以上深く話すことはなかった。アクセルと王妃の関係は、あらゆる言葉や動作をもとに推論を積み重ねることで伝説化されてきた。歴史家は何代にもわたって、こうした推論を語り伝え、推論は徐々に説得力を持ったが、そこには拡大解釈や歪曲の危険が伴うことも否めない。

だがこの再会を機にアクセルが徐々に王妃を取り巻く一団に取り込まれ、ヴェルサイユの王妃の内殿やトリアノンでの娯楽に顔を出すようになったことは事実だ。「王妃はいつも細かな気配りを見せてくださいます。私はしばしば、ゲームの会に出席してご機嫌伺いをします。王妃はいつも優しい言葉をかけてくださいます」と書いている。しかし軍務があるので、四六時中集まりに顔を出すわけではない。愉快で様々な人物が通う王妃の集まりにおいて、アクセルはその他の一人に過ぎなかった。新聞によれば、彼はポリニャック夫人やランバル公妃とコラン・マイヤール*の遊びに興じているという。ティリー伯爵は、フェルセンは常連の一人になったが、「駆け引きをするわけでもなく、目立とうとすることもない」と述べており、エゼック伯爵も「フェルセン殿は何も求めないし、率直なことこの上ない」と述べている。飾り気のなさを何よりも愛するマリーはこうした人柄にひかれた。ブザンヴァルは緻密に計算して飾り気のなさを装い、駆け引きを操ろうとするが、アクセルにはわざとらしいところがなく、注目を集めようと何か特別なことをするわけでもない。アクセルは王妃の寵愛に、感動よりも自尊心の満足を覚えた。不定期にしか集まりに行かないため、王妃は彼がさらなる寵愛を得ようとしないのを意外に思いながら、クロイツ伯爵になぜフェルセン殿はいらっしゃらないのかと尋ねた。「王妃はクロイツになぜ私が日曜日のゲームの集まりに来ないのかとお聞きになり、私が来たときにたまたま集まりがなかったと聞いて、謝罪めいたことをおっしゃった」

常連のブザンヴァルやヴォードルイユは、異国の美男子の存在を脅威とも思わなかった。軍務

* 33頁参照

で遅かれ早かれどこかの駐屯地へ送られるだろうし、機知が何よりもものを言う宮廷や特に王妃の周囲では、外見には恵まれていても恐れるには足らぬ男と考えていた。倦むことなく話し続ける二人のおしゃべり屋は、この控えめで物静かでつねに一歩引いている男性の魅力を見損なっていたのだ。彼らはヴォルテールの「宮廷で愛されるためにもっとも必要なのは、話す技術ではなく黙る能力だ」という言葉を忘れていたのだろう。

アクセルはトリアノンの集まりで人気を博したことで、ヴェルサイユ宮廷やパリのサロンでも引っ張りだこになった。「最初の訪問時にお会いした人々は、どなたも再会を喜んでくださっているようです。ここは素晴らしいところで、大切な父上にお会いできないことだけが唯一不満な点です」。無関心そうに見えても、ちやほやされて悪い気はしなかった。

だが道楽者を好かない父は、息子が職にも就かず、まるで王侯貴族のように豪遊しているのに気を揉んでいた。父親とはしばしば若い頃の自分の誤りは忘れて、息子の欠点ばかりに目が行くものだ。外交向きではないアクセルが父の願いを叶えるには、ヨーロッパのどこかの参謀部に入るしかない。プロイセンのフリードリヒ二世はスウェーデン人を受け付けないし、オーストリアのマリア゠テレジアにも志願を断られた。残る可能性は父のつてのある、シュパラー（スパール）伯爵の所有するロワイヤル・スウェーデン連隊だった。この連隊の印象は強烈だ。理由はグスタフ三世自らが外国に駐在する部隊のためにデザインした軍服で、オペレッタに登場する兵隊のようで、どこか滑稽さが漂う。[7]「こうした斬新かつ風変わりで奇妙な格好で、知り合いの一人もいない場に向かう私の当惑は容易におわかりになるでしょう」とアクセル自身も述べている。軍人らしい体格の友人ステディンク伯爵についても、気の毒そうに「羽根飾りのついた帽子と、胸を盛り上げるデザインのボタン付きの軍服を着たステディンクを見た人々は、女性かと思いました。馬に乗っていると、誰もがアマゾン族だと思います」と述べている。厳格な父はこうした軍服を大して評価していなかった。

一方、凝った軍服が好みのマリーは、長身《ラング》アクセルのスウェーデン竜騎兵の軍服姿をぜひとも見たいと思っていた。「スウェーデンの軍服について耳にされた王妃は、ぜひ私の軍服姿を見たいとおっしゃられた」。確かにすらりとした体型の彼なら、白、青、黄の意外な組合せも難なく着こなせるだろう。特にスウェーデンの国旗の色の羽根飾りがあしらわれた黒いシャコ*は、彼の魅力を一層引き立てそうだ。ある晴れた秋の日の午後、トリアノンでポリニャック夫人やゲメネ夫人と過ごしていたマリーの前に、軍服に身を包んだアクセルが現れた。まるでおとぎ話の王子が魔法の島にやってきたかのようだった。この一風変わった軍服があまり戦争向きではないのではと口にする者はいなかったが、体の線にぴったりと沿ったカットに一同は感嘆の声を上げた。

* 庇付き軍帽

当惑したアクセルはまるで見世物の動物のように、女性たちの前で後ろ、横と向きを変えさせられ、称賛と好奇の混じった声を我慢せねばならなかった。けれども、その数週間後に父に宛てた手紙にある「王妃は私が知る中でもっとも愛らしく優しいお方です」という控えめな一文からすると、軍服を披露することにためらいはあったものの、耐え難い経験ではなかったようだ。彼はどうやら王妃は自分に恋心を抱いているようだと感じ、悪い気はしなかった。彼は女性が好きだったし、好かれることも気持ちがよかった。それが昇進の助けになるのであればなおさらだ。

だが軽薄なことばかりに拘泥されたくない。そこでアクセルはブロイ元帥の命令に従って、ノルマンディーのヴォシュー演習場へと向かった。ステディンクも同行したが、「私も彼もこうした派手な軍服で知らない練兵場に合流することに気後れし、実際に多数の人々を目にして、そして彼らの視線が我々に注がれているのを感じて、さらに気後れした。最初のうちはひどく気まずく、私はどんな大金を積まれてもこんな経験はご免だと思った」とアクセルは書いている。だが彼の気後れとは裏腹に、ヴォシューは厳格で非情で過酷な演習場というわけではなかった。それどころか、選り抜きの若い宮廷貴族たちと、恋人の士気を高めようとやってくる貴婦人たちが集う雅な場で、さらにうれしいことに知り合いのエステルアジもいた。スウェーデンの軍服は大変な人気となり、アクセルが軍服姿でトリアノンを訪問したとの噂を聞きつけた女性たちは、王妃の感嘆を誘った男性を一目見ようと足を運んだ。

アクセルは演習場で軍人としても社交人としても興味深く有益な数週間を過ごし、パリに戻って再び社交生活を楽しむことにした。「当地の滞在は日々、ますます快適になりつつあります。つねに新しい出会いがあり、こうした方々との交流を深められると思います」と父に書いている。とりわけ、結婚後わずか一年で一六歳にして未亡人になったマティニョン夫人との交流は特別だったようだ。アクセルは彼女に結婚を申し出、王妃もこれに賛成して父ブルトゥイユ男爵も従ったが、本人は首を縦に振らなかった。一方、アクセルの軍人としてのキャリアや生活に王妃はますます興味を示すようになり、宮廷人の目を引いた。彼らは、王妃がかつてないほどオペラ座の舞踏会に足しげく通っていて、フェルセンも定期的に出席しているとざわめき始めた。一七七八年から七九年にかけての冬、オペラ座のロビーや桟敷席でアクセルと談笑する王妃の姿がたびたび見られた。マリーは会うごとに彼の人柄がほかの「お友達」とはまるで違うと感じ、その存在を好ましく思った。表情が真面目なだけに微笑むと魅力的だ。彼女の心が揺れていることは明らかで、今まで感じたことのない感情が甘く全身を包み始めていた。自分たちへの寵愛が気になる抜け目ないポリニャック夫人やランバル公妃は、王妃の気を引くためにはアクセルも招待しなければならないことを理解した。

同時に、アクセルは軍での昇進のために八方手を尽くし、王妃の後ろ盾を利用した。アメリカを巡るフランスとイギリス間の緊張は高まる一方で、王妃はヴォー伯爵に働きかけて、ル・アーヴルで計画されている任務――イギリス沿岸上陸作戦――にアクセルが参加できるよう手を回した。こうした計画は一一世紀のウィリアム征服王の頃からあり、目新しくはなかった。フランス側は大変乗り気ではあったが、やがて放棄されることになり、モールパ伯爵は「降下が起こっているのはヴォー伯爵の半ズボンの中だ！」と詩的な言葉を吐いた。* ノルマンディーで数か月を過ごしたアクセルは年の暮れにヴェルサイユへ戻り、帰京するとランバル公妃が王妃のために催したクリスマスイブを祝う集まりに招待された。数か月間離れていても、二人の絆が緩むことはなかった。むしろ、どんな生活を送っているのか手紙で知らせてほしいと王妃から頼まれたほどだ。手紙のやり取りは理想化された関係をさらに美しく浄化する。こうした甘美な感情は二人にとって不可欠になっていたが、王妃はアクセルよりもさらにこの関係を必要としていた。アクセルは一七八〇年初頭の三か月をヴェルサイユとパリで過ごし、宮廷は彼が王妃とずいぶんと長い時間を過ごしていると噂し合った。

＊＊＊

* 上陸計画は悪条件が重なって放棄された。ヴォー伯爵は計画を率いていた人物で、モールパ伯爵の言葉はヴォー伯爵がヘルニアを患っていたことから来ており、ヘルニアによる内臓の「降下」と作戦における「下船」をかけている。

二四歳のアクセルは軍務にますますのめり込み、駐屯地での生活や生ぬるい訓練に満足できなくなっていた。当時フランスはアメリカの旧植民者と同盟を締結したところで、ワシントン軍援護のために遠征軍を派遣することになるだろうと言われていた。ラ・ファイエットと義兄ノアイユが大陸軍に加勢するためアメリカへ向けて出発すると、アメリカに関する事柄が流行となり、誰もが従軍を希望し、軍は志願者を断らねばならなかったほどだ。王妃でさえ、声高に共和国を求める反乱者たちを支持した。民主主義を掲げる反乱者に肩入れする王妃など前代未聞だ。

かつて駐ストックホルムフランス大使を務め、フェルセンの父とも知り合いだった大臣ヴェルジェンヌにクロイツ伯爵が働きかけてくれたおかげで、マリー・アントワネットの推薦を受けたアクセルは、遠征軍を率いるロシャンボー将軍付き副官という誰もがうらやむ地位を手に入れ、嫉妬や様々な憶測が流れた。この指名を正当化するために、ワシントンはフランス語を話せず、ロシャンボーは英語を解しないので、アクセルが通訳を務めるのだという説明がなされたが、いずれにせよ彼がすべての会議に出席するチャンスを得たことは確かだ。

三月二三日、アクセルはブレストで乗船するためにパリを発ち、クロイツはグスタフ三世に「若きフェルセン伯爵は王妃に大変気に入られていたため、気を悪くされた方も少なくありませんでした。私は、王妃がフェルセン伯爵に好意をお持ちであると考えないわけにはいきませんでしたし、あまりに明白な証も目にいたしました。こうした場合でも、若き伯爵は謙虚さ、慎重さ、とりわけアメリカ渡航の決意を通して、称賛すべき振舞いを見せられました」と知らせている。彼の言う証とは、出発前の最後の夜会での王妃の様子を指しており、宮廷中がこの噂でもちきりになった。実際に見た者の話によると、マリーはアクセルから目を離さず、その瞳には幾度も涙が浮かんだという。

だがアクセルはといえば、王妃ほど感極まることもなく、一部の者が主張した、彼は芽生えつつある情熱から逃れようとしたのだとの説はやや飛躍気味にも感じられる。現実はさほどロマンティックではない。アクセルは慎重な野心家であり、共にアメリカに向かったローザンのように、醜聞を起こして自分のキャリアを台無しにするつもりなどなかった。[8]「何ですって、ムッシュー。せっかくの成功を手放すおつもり？」とのフィッツ＝ジェームズ公爵夫人の無礼な言葉に対し、アクセルは「成功を手にしていたら、手放しはいたしません。けれども私は自由の身で心おきなく出発いたします」と答えた。つまり、彼は自分や王妃に対する慎重さからではなく、何よりも噂や、へつらいながら裏切りを働く周囲の者たちを牽制するためにアメリカ行きを決めたことになる。彼は噂や裏切りの脅威には沈黙をつらぬいたが、アメリカへの出発が雄弁にその意思を語っている。五月一六日、アクセルを乗せたジェイソン号は二五隻の輸送艦、七隻の戦列艦、二隻のフリゲート艦と共にアメリカへ向けて出港した。妹への手紙には「私のことは心配しないでください。戦では危険な橋は渡りません。副官という地位は危険にさらされないのです」とある。まだこの時点では知らないが、彼はアメリカに三年間滞在することになる。大切な人をまた一人失ったマリーは母に宛てて、「神がどうか無事に彼らを送り届けてくれますように！」と書いた。

遠征軍は七月一一日にロードアイランドに上陸し、ニューポートに設営した。旧大陸の教育を受けた貴族のアクセルにとって、クエーカー教徒やその他の精彩を欠く現地人との野戦生活は愉快とは言い難かった。「彼らと結んだあらゆる取り決めにおいて、彼らは私たちを仲間というよりも敵として扱いました。彼らは極めて貪欲で、銀を神のように崇めています。この貴金属を前にしては、美徳、名誉といったものは何の意味もなさないのです」。国に仕えるとか、軍で昇進したりする道があるとは思いもしない現地人たちは、アクセルに母国では何の仕事をしているのかと聞き、アクセルは「あまりの下品さ」に憮然とした。フェルセン家の一員たる者、生活費を稼いだりなどしないのだ。数か月も経つと、「時には楽しいこともありますが、たいていはうんざりしています」と告白している。

戦争を通して、アクセルは二人の戦友を得た。一人はローザン公爵アルマン＝ルイ・ド・ゴントー＝ビロン。八歳年上で、美男かつ勇敢、才知もあり寛大で、アクセルは面と向かっては明言しなかったが彼に心酔していた。もう一人は、イギリス人ながらフランス軍に従軍していたドミニク・シェルドン騎士[9]。快活で人をひきつける性格の人物で、いつもどこか影を背負ったアクセルは、彼の刺激的な明るさにひかれた。アクセルとローザンの友情は独立戦争を通して深められたが、のちにフランス革命により断ち切られた。それぞれが真逆の道を進み、最後には和解できないところにまで行きついた。イギリス軍を敵に回した共闘が、普通なら友人になどなりそうもない異質な二人を近づけたのかもしれない。戦争中、二人は誠実で深い友情で結ばれていた。知り合った当時、アクセルはこの怖いもの知らずの誘惑者がいかに放埒な生活を送っていたかを知らなかった。性格的に噂に耳を貸さなかったこともある。自身も決して修道士のような清廉な生活を送っていたわけではないが、ローザンよりも節度や慎みはあったし、私生活をひけらかすようなこともなかった。

だが生活の違いは大した問題ではない。アクセルはローザンを優秀で明晰で才能あふれる士官、愉快な仲間、アフリカ沿岸で輝かしい勝利を収めた大物だと考えていた。王妃に近いこの二人が、一目で互いを気に入ったことは確かだ。「親愛なる父上、私がどれほどローザン公爵を慕っているか、好いているか、言葉では言い尽くせないほどです。公爵は私が知る限り、もっとも高貴で立派な心をお持ちです」。ローザンはこの若い士官を直属にしたいと考え、一七八〇年九月に自らの部隊の指揮権を移譲するための勅許状を取り付けようと提案した。「ローザン公爵はつねに変わらぬ友情を示してくださり、私の件についてもよくお話しになります。もし所有部隊を私に譲ることができれば、大変お喜びになるでしょう。公爵は全く金銭を希望されず、『我が子同様に大切な部隊を預けられる貴君のような信頼に足る方を見つけるためなら、自分で費用を負担しよう』とおっしゃいました」。二人はフランスへの帰国を見通して、この計画を王妃に後押ししてもらおうと考えた。フェルセンは父に宛てて、「ローザン公爵はこの件で王妃に手紙を書きました。王妃は公爵に大変好意的です。私にもわずかばかりの好意を示してくださいます。私からもこの方向で、王妃に手紙を書くことにします」と知らせている。王妃や彼女の親切は二人の間で話題に上っただろうが、それ以上深く話すことはなかった。ローザン公爵の幻想はすでに打ち砕かれていたが、王妃に対する恭しい態度は変わらなかった。

最初は書簡を通して王妃に働きかけたが、何の成果もなかった。ローザンはヨークタウンの戦いでの勝利の報せをフランスにもたらすために出発する際、アクセルにこの計画の実現に向けて動くつもりであることを説明した。アクセルも冬の数か月間をフランスで過ごしたいと考えたが、あいにく充分な持ち合わせがなかった。大西洋横断は高くつく上に、何度頼んでも父はなかなか送金してくれなかった。彼はあきらめと共に、「ローザン公爵はこの件に関してすべてを手配なさいます。王妃にこの件についてお話しするよう、スタールに連絡を取りました」「結局、この件は成立しませんでした。しかし王妃はつねに好意的で、私のことを気にかけてくださり、別の職を手配してくださったそうです。（中略）ローザン殿は、王妃は私のためにロワイヤル・ドゥ＝ポン連隊の副連隊長のポストを依頼してくださり、許可されるはずだとおっしゃいました」。ローザン公爵がフランスに滞在している間、アクセルは捕虜となったイギリス将軍コーンウォリスと彼の部隊を担当し、ロシャンボーの通訳を務めた。

宮廷に到着したローザンは、戦友フェルセンの功績を喧伝した。クロイツ伯爵はグスタフ三世に宛てて、「若きフェルセン伯爵はあらゆる戦場にいたそうで、攻撃の中心にいることもあれば、塹壕にいることもあり、他の追随を許さない働きをしたそうです」と知らせた。だが実際はこれほど完璧なわけではなく、アクセルは最初の熱意が薄れると、さほど友好的ではない土地での運任せの生活に退屈を覚えた。「私たちは退屈で死にそうです。感動もなく、年ばかり取り、黄ばんでいきます。あなたからの近況を聞くのが楽しみです。それが、この不快な土地での唯一の気晴らしなのですから」と妹に書いている。アメリカ女性たちは「農場の娘」風で、アクセルの好みからは遠く隔たっていた。彼によれば、彼女らはお茶を飲み過ぎたせいで「素晴らしい飾り」である歯が抜け落ち、「三〇歳にして早くもシワだらけで老女のよう」だ。洗練されたヨーロッパの社交界や女性たちへの懐かしさは、日々強まるばかりだった。

アクセルとマリー・アントワネットの往復書簡のほとんどはフェルセン一族により破棄された

が、彼が三年にわたり定期的に王妃と手紙を交わしていたことはほぼ確実だ。父に宛てた手紙からもそのことが窺える。「王妃は大変好意的で、いつも私に配慮してくださいます」。おそらく彼女はアクセルに励ましの言葉を送り、彼の将来のために精一杯のことをするつもりであると知らせたのだろう。長い別離の間、ソフィーや王妃とのやり取りは唯一の息抜きであり、精神のバランスの支えだった。彼は生涯そのことを忘れなかった。

和平が確立され、遠征軍撤収とヨーロッパ帰還の報せを聞いたアクセルは、飛び上がって大喜びした。

アクセルがフランス軍と共に帰国したのは、ようやく一七八三年六月になってからのことだった。彼とステディンクはシンシナティ協会から勲章を贈られ、アメリカ出発の際にワシントンから授与された。自尊心を満足させてくれる記念品であり、命の危険も顧みず身を投じた忘れ難い戦への報いでもあった。五週間かけて大西洋を横断し、パリには二三日に到着した。数日間休息して旅の疲れを癒し、身なりを整えてから、飛ぶように一目散にヴェルサイユへ向かった。王妃は黄金の間にいて、ハープの練習をしていた。長身《ラング》アクセルは神々しいまでに輝き、髪は海風のせいで明るい色になり、全体ががっしりとして、冒険者らしく顔は日焼けし、軍服に身を包んでいた。いつの間にか男性らしい重々しさを身につけていて、今までにない魅力が漂っている。この冒険小説から抜け出てきたような男性に、マリーの心がときめかないわけはなかった。彼女はハープを弾く手を止め、彼が接吻するよう差し伸べた。

その後数週間、二人は再会に心を震わせ、少なくとも明白な態度を通してお互いの想いを伝え合ったことだろう。長い別離は想いを一層強めた。マリーはおそらく人生で初めて恋をしていた。それ以前のどの男性よりも理想化されたアクセルは、彼女の女性的感性を引き出した。歴史家ピエール・ド・ノラックがいみじくも述べたように、「王者の心は想いを打ち明けるにはあまりに誇り高く、隠し事をするにはあまりに弱かった」。二八歳のアクセルは女性経験も少なからずあったが、王妃の示す大変な寵愛ぶりにのぼせそうになった。「私は信じ難いほど幸せです。その理由は一つだけではありません」。七月には王妃の愛情は疑いの余地がないまでに高まり、アクセルはある重大な決意を固めた。ソフィーに宛てた三一日付の手紙にはこうある。「私は決めました。結婚するつもりはありません。結婚は私の自然に反するのです。（中略）私は私がその人のものになりたいと思う女性、私を真実愛してくれるただ一人の女性のものになることができません。だから私は誰のものにもなりたくないのです」。彼の慎重で控えめな人柄から言って、この女性がマリー・アントワネットを指していることはほぼ確実だ。それ以外に、意中の相手の名前を挙げない理由がない。それまで叶えられない愛に蓋をしていたのに、突如として二人の関係は大きく転換した。手紙はさらに続く。「悲しいことですが、いつかは父上も母上もいなくなってしまいます。そうなったら私の父となり母となり、そして妻とさえなってくれるのは、ソフィー、あなたです。あなたこそが私の家の女主人となり、私の家はあなたのもの、私たちは離れることがないでしょう。こうした生き方を受け入れてくださるなら、私は幸せになれるでしょう」。ソフィーの夫、ピパー伯爵はどうやらこの素晴らしい人生設計の頭数には入っていないようだ。

意中の女性との恋が叶わないことは確かだが、この手紙の数週間前に父に宛てた手紙は不可解だ。「昇進のために手を尽くし自尊心を満足させたら、しっかりと身を固めることを考えねばなりません。結婚の誓い向きか否かはともかく、私も結婚すべき年齢になりました。リエル嬢との結婚は多くの利益をもたらしてくれるでしょう。まだ彼女とは連絡を取っており、アメリカ滞在中も手紙のやり取りを続け、五、六回は手紙を差し上げました」。実はリエル嬢は彼の不在中に結婚していたが、アクセルは自分の計画から彼女が外れてしまったことをさほど残念がることもなく、代替案に切り替えた。「私は別の女性に目を向けました。ネッケル氏の令嬢です。顔立ちも体型も悪くありませんし、機知があります」。こうした言葉からは熱意は感じられない。だが同国人のスタール・フォン・ホルシュタインがいち早くネッケル家に近づいて、このジュネーヴ出身の銀行家の唯一の女相続人を手に入れた。「ネッケル嬢に関して検討していたことは、父上が同意してくださったとしてももはや実現は不可能です。友人のスタールがその理由ですが、彼にとってネッケル嬢との結婚は申し分ないですし、私よりも彼の方が向いています。この縁談を思いついたのはひとえに愛する父上のためで、実現せずとも少しも残念ではありません」。口さがない者たちは、フェルセンを手元に置いておきたいマリー・アントワネットが、スタールに是非にとネッケル嬢を勧めたのだと言い立てたが、根拠のない話で、資産家で評判も高いネッケルの娘とあれば、スタールも王妃に勧められるまでもなく、喜んで結婚したいと乗り気だった。

彼の書簡からは、軍人としての昇進についても結婚についても、つねに父の圧力が働いていたことが窺える。アクセルは、結婚とは個人的な願望から来るのではなく、この年齢の貴族に課された社会的必然性だと考えていた。「王妃との叶わぬ恋」は、結婚しない決意の理由ではなく口実ではないか、との疑問もあながち的外れではない。アクセルはロマンティックな男性ではなかったし、結婚しないと決めた後も、数々の女性と情事を重ね、それは革命中まで続いた。叶う望みのない絶対的な愛に苦しみながら禁欲的生活を送った、などと考えるのは大きな間違いだ。

アクセルはフランスを気に入っていて、生活の基点にしようと考えていた。生きる喜びに満ちたフランスは、彼にとってあらゆる点で住みやすい国だった。外国人部隊の指揮権を手に入れようとルイ一六世に懸命に働きかけたことからもそれが窺える。理想はロワイヤル・スウェーデン連隊だ。この連隊はアレクサンドルとエリク・フォン・シュパラー伯爵が所有しており、アクセルは数年前から手に入れたがっていた。連隊は通常、北部ヴァランシエンヌに駐屯しているので、パリやヴェルサイユへも気軽に来ることができる。一六九〇年のフルーリュスの戦い*で功績を残した格式ある連隊で、この点もアクセルの自尊心をくすぐった。だが連隊を手に入れるにはスウェーデン国王とフランス国王の許可が必要な上、父から購入費用一〇万リーヴルを取り付けねばならない。外務大臣に任命されたばかりのクロイツ伯爵はアクセルの心強い応援者で、グスタフ三世の許可を苦もなく引き出してくれた。クロイツはルイ一六世に宛てた九月五日付の手紙で、アクセルを推薦した。アクセルはグスタフ三世への手紙で、「国王はすぐに同意され、スウェーデン国王のお気に召すようにしたいと熱心におっしゃいました。王妃ご自身もぜひ介入したいと言ってくださいました」と知らせている。確かにヴェルサイユで書かれたグスタフ三世宛ての一九日付の書簡は、ルイ一六世ではなくマリー・アントワネットの手によるものだ。「スウェーデン国王陛下がフランス国王に送られた推薦状は、陛下のすべての推薦がそうであるように、またかように優れた臣下のためでもあることですし、しかるべく処理されました。この点、彼のお父上にも配慮しております。お父上の働きや優れた評判はご子息に受け継がれ、ご子息はアメリカの戦争で大きな功績を上げ、その性格と優れた資質はご子息を知るすべての方々から尊敬され、慕われています。フェルセン伯爵が遅からず連隊を手になさるのを望むばかりです」。マリー・アントワネットは、自分の庇護しているアクセルのために動くことに幸せを感じた。九

＊大同盟戦争におけるフランス対ネーデルラントの戦いで、フランスが勝利した

月一二日にフォンテーヌブローで流産をして、泣き明かしたからなおさらだった。アクセルのことを考えれば悲しみもまぎれる。その数日前、アクセルはソフィーに宛てて、「親愛なる友よ、私の件は決着がつきました。私はロワイヤル・スウェーデン部隊の連隊長にして所有者です。けれどもまだ国王の勅許状が届きません。父上から話がなければ、このことはまだ黙っていてください。父上とはまだ、一〇万リーヴルの調達の件が残っているのです」と書いている。つまりアクセルは王妃と協力して、目的を果たしたのだ。王妃はその後の一九日にスウェーデン国王に宛てて先の手紙を書くことになるが、それ以前にアクセルに確約していた。

アクセルは数週間ストックホルムに滞在して、購入資金の件で父を説得しようと考えた。だが父は息子がフランスに住むことをひどく嫌がっており、説得は困難そうだ。さらにグスタフ三世から、ドイツで合流するようにとの命令が届いた。落馬して怪我を負ったため、ピサでの湯治のためにハガ伯爵の偽名でイタリア旅行計画を立てていたのだ。九月二一日、アクセルはパリを出発した。王妃が「国王陛下からフェルセン伯爵に一〇万リーヴルの控除勅許状をお与えになる」よう働きかけてくれたため、心は軽かった。これでのちのちこの職を売却するときには同額が懐に入ることになるし、ブルトゥイユ男爵もほぼ全額の貸し付けを約束してくれた。確実に追い風

* 一一月の説もあり

が吹いている。だが心は軽くとも、大きな気がかりが一つあった。ソフィーへの手紙には、「パリを去るのが心残りです。理由を知ればあなたも納得するでしょう。あなたには隠し事などできないので、今度お話しいたしましょう」とある。

相変わらず神話や伝説好きのグスタフ三世は、長身《ラング》アクセルとの再会を喜んだ。「余はフェルセン伯爵に大変満足している。長い間会うこともできず、大変な危機に身をさらし、我々の好意に値する友に再会するのはうれしいものだ」。見栄張りで気取り屋のグスタフ三世は、寵臣アームフェルトと美男のエッセン伯爵を従えていた。靴のヒールは赤、かつらには白粉がふられ、サテンの服にはダイアモンドが縫い付けられている。伊達な美男に囲まれた国王は満悦だった。行事やら娯楽が目まぐるしく組み込まれていて、国王が大好きな仮面舞踏会もあるが、アクセルは乗り気ではなかった。それでもじっと耐えねばならない。気晴らしに旅行について王妃に書き送り、その記録を正確に日記に残した。ただし王妃を指すときは、「ジョゼフィーヌ」の名に差し替えて。ありきたりではあるが、王妃がトリアノンに招待したデヴォンシャー公爵夫人の友人、エリザベス・フォスターの腕の中で退屈を紛らわせることもあった。ピサ、フィレンツェ、ローマ、ナポリ、パルマ。移り気な奇人王の酔狂は留まるところを知らず、アクセルは耐え難い苦行を強いられた。しかし実は国王は見かけよりも筋が通っていて、この機会に各国の国王と会見し、ノルウェーの領有権を主張した。アクセルの同行を希望したのも、旅の真の目的地がヴェルサイユだからで、ルイ一六世の支持を取り付けようと考えていたのだ。
一行は一七八四年六月にフランスに到着し、同行者たちはまたしてもせわしなくあちこちと動き回るグスタフ三世に巻き込まれた。宮廷もパリも冷笑気味で、自らの嗜好を隠そうともしない同性愛者の国王を陰で笑った。アクセルは腹立たし気に、「我々はつねに忙しく、急き立てられています。こうした気晴らしはハガ伯爵らしいことこの上ないのですが、私には大変不都合で、すっかりうんざりしています」と述べている。だがグスタフ三世は彼の庇護下にあるアクセルのことを忘れたわけではなく、通常なら連隊長には拠出されない二万リーヴルの年金をフランスから引き出してやった。宮廷人たちは、一行の滞在中、王妃の様子が一変したことに気付いた。オーベルキルヒ男爵夫人は「彼女は奇跡のように美しい！」と記している。一方、グスタフ三世は同盟国であるはずのフランスの歓待が気に入らず、七月一九日にアクセルを伴って帰国の途に就いた。家族に会うのは二年ぶりだ。一七八四年九月四日にユング城に到着し、叶わぬ恋について包み隠さずソフィーに打ち明けた。

アクセルとマリー・アントワネットの関係は再び小休止し、彼は一七八四年の冬を病身の父のもとで過ごした。離れた二人は手紙のやり取りを再開し、お互いにちょっとした頼み事をしている。例えば彼は王妃に特定のデザインのルダンゴト*を見つけてほしいと頼み、王妃は彼に可愛らしい犬を購入してほしいと依頼した。今や二人の仲はかつてないほど親密になっていた。「お元気でお過ごしでしょうか。きっとお体のことなどいたわっていないと思いますが、それは間違いですわ！」と王妃は書いている。彼女はあだ名を付けるのが好きで、アクセルのことも「リニョン」と呼んだ。書簡からは身を焦がす情熱というよりも、信頼のこもった友情のもたらす喜びが伝わってくる。だが二人が慎み深く、容易には感情をあらわにはしない点を忘れてはならない。こうした頼み事は、重くのしかかるような別離を撥ね返し、絆を保つための方策でもあったのかもしれない。彼は自分のためだけに日記をつけていて、愛人についても多くのことが記されている。一方、日記が不完全な形でしか現存していないとはいえ、王妃と何らかの親密な関係があったのかどうかについては、何も書かれていない。これは彼の慎重さから来ているのだろうか。あるいは、あえて日記に書くようなことは何もなかったということだろうか。一つ確かなのは、情緒的な点から二人はお互いを必要としており、この関係が大きななぐさめになっていたことだ。一七八五年初頭、グスタフ三世はスヘルデ川河口を巡るオーストリアとオランダの紛争**につい

* コートの一種
** フランス北部、ベルギー、オランダを流れるスヘルデ川は商業や交通の要衝で、自由航行権がたびたび問題になっていた

てルイ一六世の意向を探るためアクセルに調査を命じてヴェルサイユへ送り出し、彼は王妃との感動的な再会を果たした。後年、「私は以前よりも少し幸せを感じ始めています。というのも、お友達のところに自由に出入りできるようになり、かわいそうなあの方の味わっているあらゆる痛みが少しだけ和らぐからです。彼女は優しさに満ちた天使、勇敢で感じやすい素晴らしい女性です。これほどの愛はかつてありませんでした。あなたが彼女に宛てて私に託した言葉に彼女はとても感動し、どれほど心ゆすぶられたかお伝えするようにと言われました」と妹ソフィーに書き送った言葉は、二人がどのような関係にあったのかを窺わせる。

一七八五年にはマリー・アントワネットの世間のイメージはひどく損なわれており、八月に露見する首飾り事件は王妃の評判をさらに貶めた。「巷にはたくさんの記事、小冊子、風刺文書があふれています」とアクセルは記している。彼女は絶え間ない中傷に苦しむ一方で、ポリニャック夫人との友情は弱まり、胸中を打ち明けられる相手を必要としていた。日頃思慮深く控えめで、口の堅いスウェーデン人アクセルは、世間から標的にされている王妃にとって理想的な相談相手だった。彼自身も父に「私は人の話を聞き、黙っていることが好きです」と書いている。マリー・アントワネットが不幸でなかったら、孤独でなかったら、相談相手を必要としていなかったら、二人の関係はそれでも同じだったろうか。いや、おそらく違ったはずだ。悩みや苦しみを分け合うことで絆は深まる。それは喜びの分かち合いの比ではない。フェルセンが王妃の取り巻きの中で特殊な位置を占めたのにも、こうした要因が働いているためと思われる。自身では認めていないが、その騎士的性格、代々王家に仕えてきた忠誠ぶり、責任感と献身を厭わない性格などが相まって、当時の状況に理想的な人物を形作った。[11] のちにアクセルを通してソフィーから髪を一房ほしいと頼まれた王妃は承諾し、アクセルは「頼まれた髪をお送りいたします。足りなければ、改めてお送りしましょう。これは彼女からあなたへ宛てたもので、あなたのお願いに激しく感動していらっしゃいました」と書き送った。彼はソフィーを含めた三人の関係を王妃に強いた。それまで感情は社交界のおふざけ程度でしかなく、実際に一八世紀にはそれが普通だったが、不幸はこうした感情をかきたて、高めた。彼自身も明言しているように、王妃は「ヒロイン」であり、彼はそんな王妃を崇拝している。だが一方で、行く先々で愛人との情事も重ね続けていた。

　彼は損得勘定をおろそかにすることなく、一時的にポリニャック夫人に代わって王妃のお気に入りになったオシュン夫人のもとへ頻繁におもむいたが、王妃の取り巻きと自分には通じ合うところがないと考え、実際、大して交流もなかった。彼は陸軍大臣から、アメリカでの従軍期間を昇進の計算には組み込めないと言われていたが、王妃を通して何とか便宜を図ってもらおうと考えていた。王妃を愛おしくは思っても、彼女から引き出せる利益はまた別の話だ。そうした姿勢は彼の手紙からも窺える。「私はアメリカで四つの戦いに参加しましたが、閣議決定に従えば、元帥代理になるにはまだあと八つの戦いを経験せねばなりません。妃殿下のお情け深いご好意に甘えて、こうして執拗にお願い申し上げると共に、その他の重大事でお忙しいとは存じますが、私の件にわずかでも目を向けていただけるものと期待しております」。彼の王妃への愛情は決して無欲ではない。愛人たちは彼が熱い心を秘めていると言うが、冷静な頭脳を保ち続けているのも事実だった。

アクセルは自分の利を見失わなかったが、かといって寵臣という立場に縛られるつもりもなかった。ブイエ侯爵は回想録で、「彼は何事にも動じない分別を備え、それが成功の裏付けでもあったが、生まれつき冷静だったため、そうした成功に酔いしれることはなかった」と記している。五月にはモブージュ近くのランドルシーで自らの連隊に合流し、「うんざりするような指揮官とその妻以外、社交界の影も形もない忌まわしい片田舎！」と嘆いている。

マリー・アントワネットが首飾り事件裁判に振り回されていた一七八六年春[12]、フランスでの軍務を終えたアクセルのもとにグスタフ三世から注意喚起の書状が届いた。「余が貴君を独占しようなどという厳格主義者でないことは承知しているであろう。しかし貴君がつねにスウェーデン国外に滞在しているのは遺憾である」。そろそろ帰国せねばならない。新聞は「フェルセン伯爵の出発に、王妃を取り巻く人々はどよめいた。だが彼の不在によって生まれた雲も、じきに晴れるだろう」と書いた。だが王妃はその限りではなかった。今ほど彼の支えを必要としたことはなかったのだから。

後ろ髪を引かれる思いでフランスを後にした彼を待っていたのは、興奮状態の母国だった。グスタフ三世は啓蒙君主の仮面を脱ぎ捨て、絶対王政を敷き、宮廷には儀礼を通して様々な拘束を課し、出版物には厳しい検閲を義務付け、膨大な浪費を繰り返し、劇場や宮殿を建設したため、国家財政は破綻の危機に瀕していた。こうした危機的政治状況にあって、アクセルの父は鉄壁のごとく国王の前に立ちはだかった。「フェルセン議員は臆することなく、国王は自らの楽しみのために国を顧みず、力強さのかけらもなく、次から次へと気まぐれに振り回されていると非難した」と歴史家フランソワーズ・ケルミナは記している。老元帥の非難に対し、グスタフ三世は「そちは何度も余の父の王権を危うくさせた。その息子の王権に手を出そうなどとは、身を慎め！」と恫喝で応えた。抜け目ない国王は議会の流れを自分の有利になるように誘導し、フェルセンを侮辱した。その数か月後、父の人徳や国の実情を知るアクセルは父への仕打ちに心を痛め、若い貴族にとってはうんざりするような母国を去ることしか頭になかった。

帰国して一年後、任務を終えたアクセルは一刻も早くフランスに戻りたかった。フランス王家を取り巻く状況は、理由は違えどスウェーデン王家と同じくらい悪化していた。一七八七年五月にフランスに到着した彼は、財務総監シャルル＝アレクサンドル・ド・カロンヌが招集した名士会の閉会に立ち会った。これは財政破綻を回避するために、税制・社会改革を狙って集められた会議だった。だが特権階級が手を回してカロンヌは失脚し、後継者のレオニー・ド・ブリエンヌは改革を骨抜きにして、富裕層の矛先をかわそうとした。宮廷とは逆にカロンヌを信頼していたルイ一六世は深く落胆し、マリー・アントワネットは自分が困難に立ち向かわねばならぬと考えた。「国王は大変弱く、疑り深く、王妃しか信頼していません。そのためすべてを取り仕切るのは王妃で、大臣たちは足しげく彼女に会いにいき、あらゆることを報告しています」と到着直後のアクセルはグスタフ三世に知らせている。生来明晰な彼は、父にフランス社会についての不安を述べている。「社会全体で不満が高まっています。話題といえば憲法ばかり。特に女性たちが関わっていますが、当地の女性の持つ影響力は父上もご存じでしょう。人々は錯乱の中にいます。誰もが我にこそ能力ありと考え、進歩のことばかり話し合っています」

名士会が失敗に終わった一七八七年は、フランス王政の終焉の始まりの年でもあった。精神的にも物理的にも困難を極める中、マリーとアクセルは何度も共に過ごし、恋人としてもっとも幸福な時間を味わった。二人とも三二歳になっていた。不幸は二人の関係を昇華し、伝説として後世に語り継がれるまでに変貌させた。のちにアクセルが妹に宛てた手紙には、「彼女はあまりにも不幸ですが、とても勇敢です。善意に満ちた天使のようです。（中略）私は力の及ぶ限り彼女をなぐさめています。それが私の義務ですし、私にとって彼女は完璧なのです」とある。苦境は感情を高揚させる。王妃が自分を必要としているのなら、もう以前のように隠れるようなことはするまい。すでに評判は地に堕ち、彼女は自分の存在と助けを必要としているのに、まだ世間に対して体裁を取り繕う必要などあるだろうか。週に数回、彼はマリーと馬で散歩に出かけ、サン＝プリエ伯爵は一七八八年に「彼は一切を表に出さず、王妃の友人の中でももっとも控えめだった。だがその謙虚さや慎み深さにもかかわらず、世間は二人が会っていることを騒ぎ立てた」と書いている。度を越す中傷を前に、二人は不可避の結末などにもはや拘泥せず生きようとしているかのようだった。こうした熱に浮かされたような時代に生き、生涯消えない深い印象を受けた小説家シャトーブリアンは、『墓の彼方の回想』で「人々は喜びが間もなく失われるだろうことを予想して、さらに激しく喜びに身をゆだねた」と書いている。

この時期、アクセルはヴァランシエンヌの駐屯地とヴェルサイユを幾度となく行き来し、やはり王妃のお気に入りで軍で指揮官を務めるエステルアジ伯爵と深い友情を結んだ。アクセルは彼が王妃と親しいこと、騎士的精神と慎みのある性格を備えていることを知っていた[13]。ハンガリー出身のエステルアジと王妃の間には不倫関係は噂されていなかったので、アクセルはヴェルサイユへ行けないときは、彼に頼んで王妃への手紙を取り次いでもらうことにした。日記には、「エステルアジへの手紙で『親愛なる伯爵殿』と始まるときは、『彼女』宛てだ」と書かれている。聡明なエステルアジは嫉妬心など見せることなく、頼まれ事を忠実に実行し、恋人たちの秘密を守った。同じ頃、狩りの最中のルイ一六世のもとに、緊急とされる書類一式が届けられた。彼は木陰を見つけて草の上に座り、供の者たちを遠ざけて書類に目を通した。しばらくして戻ってきた供の者たちは、国王がさめざめと泣いているのを目にした。国王は乗馬の名手だったが、あまりの衝撃に馬に乗ることもできず、駕籠でヴェルサイユへ戻った。彼は王妃に、書類には彼女とフェルセンについて醜悪で下劣な中傷が書かれていたと告白した。「では私たちは信頼できる唯一の友を失うわけですね」とマリー・アントワネットは答え、今後はフェルセンと会わないことにしましょうと提案した。だが妻を信用する国王はそれはならぬと言い、週に数回のアクセルの訪問は続いた。

＊＊＊

バスティーユ襲撃後の数日間、アクセルとエステルアジはヴァランシエンヌの駐屯地にいたが、アルトワ伯爵、コンデ大公、ブルボン公爵、アンギャン公爵らがヴェルサイユを去るとの報せが入り、コワニー、ランベスク、カストリ、ブルトゥイユなど王妃の友人たちが通過していくのを目にした。マリー・アントワネットの読師のヴェルモン神父の姿も見えた。一七八九年七月二二日にはアクセルはこう記している。「彼らはあまりにものぼせ上がり、その興奮ぶりは有意義というよりも有害だ。（中略）パリの大衆はバスティーユを乗っ取り、司令官ド・ローネー氏を虐殺した。商人頭フレッセル氏は吊るし首にされた。（中略）貴族は罵倒され、すべては無秩序と混乱と狼狽に陥った」。彼はこの原因の一部は、自分たちでは手に負えもしない自由を真似、イギリスに熱狂するフランス人にあると考えた。「愛国者やジャコバンを自称する多くの若者が、自らの髪を切り、白粉を付けもしないイギリスの馬丁を真似た。フランス人ときたらこの体たらくだ！」。かつてヴォルテールは先を見越したかのように、「フランス人は自由に生きるようには生まれついていない。彼らは自由を乱用するだろう！」と述べている。

陰険なアームフェルトはグスタフ三世に、「長身《ラング》アクセルと連隊はヴァランシエンヌに駐屯しており、つねのごとく慎重かつ冷静です。フランスが大混乱に陥り、宮廷と女庇護者が下劣な者たちに侮辱され、不当な扱いを受けているのを目にしても、持ち場を離れることはありませんでした」と告げ口している。だが彼に何ができよう。王妃に「妃殿下におかれましては、私の国王陛下と妃殿下への熱意と献身のほどをよくご存じのはずですから、よもや現状に私が苦痛を覚えていることをお疑いになるとか、熱意の証を立てたいとのこの切なる願いを叶えてくださらぬはずはないと僭越ながら確信しております。パリ周辺に部隊が招集されれば、この熱意を示す機会になりましょう。光栄なことに私が指揮を執らせていただいている連隊もこれに加わることができれば、私の悲願は叶えられましょう。連隊全員が同じ望みを抱いております」と書き送ったのに、ヴェルサイユへの招集命令は来なかった。実際のところ民衆は興奮状態にあり、ションベール竜騎兵隊は持ち場を放棄してしまったので、ロワイヤル・スウェーデン連隊がヴァランシエンヌに駐屯していれば、エステルアジと協力して治安を維持できる。ルイ一六世はエステルアジの働きぶりに満足し、アクセルは王妃に宛てて、「マダム、国王陛下がエステルアジ伯爵に手紙を書かれ、ヴァランシエンヌ駐屯部隊の指揮官たちの働きに満足されていると伺い、私は大変感動しております」と書いた。だが世間はそうではなかったようで、ル・レヴィズール紙は「この連隊は祖国のためにほかのフランス部隊と連携していない」と批判した。

連隊を率いてヴェルサイユへ向かうことのできないアクセルは、エステルアジの協力を得て、あらゆる機会を利用して単身で帰京した。サン＝プリエによれば、ヴェルサイユ宮殿から宮廷人は消え、「王妃にはフェルセン伯爵しかいなかった」。フェルセン伯爵は相変わらず彼女の居室に自由に出入りし、トリアノンでも頻繁に会っていた」。王妃は孤独だったが、「リニョン」がそばにいてくれて幸せだった。グスタフ三世は、アクセルが苦境に立たされたフランス王家に忠実に仕えることが、自らの政策にとって重要な要素であり、彼以上に優れた大使はいないことをよくわきまえていた。エバート・タウベ男爵はグスタフ三世に、「長身《ラング》アクセルをお使いになれば、彼に好意を寄せるかの方に、かつてないほど多大な恩恵をもたらすことになるでしょう」と進言している。加えて、ネッケル嬢と結婚したスタールはどうやら先進的な妻の思想に染まり始めたようで、グスタフ三世は警戒感を募らせていた。彼はアクセルに、スウェーデンに帰国せよ、ただしルイ一六世のもとで非公式に外交官役を引き受けるのであればフランス滞在を許可してもよい、と脅しめいた手紙を書いた。当人にしてみれば、スウェーデン国王から信頼を寄せられてうれしくないはずもなく、スタールを出し抜いたことにも悪い気はしなかった。アクセルは「彼〔スタール〕は、国王陛下がぜひお知りになりたいことも見逃した可能性がございます」と書き、ルイ一六世は表面上は様々なことをあきらめたかに見えるが、それは世論を安心させるためなのだと知らせた。マリー・アントワネットとアクセルは、ルイ一六世に二枚舌を使うよう強く勧め、結局は高い代償を支払わされることになる。

フランス革命初期、情事を重ね続けていたアクセルに新たな愛人ができた。官能的で優し気なエレオノール・シュリヴァンはもともとイタリア、トスカーナの町ルッカ出身の名の知れた高級娼婦で、ヴュルテンブルク公爵やヨーゼフ二世に囲われていたが、アイルランドの外交官と結婚し、スコットランドの商人クインティン・クロフォードの愛人になっていた。まだ若く、栄誉や美徳には頓着せず、パリのクリシーのクロフォード宅とマティニョンのフェルセン宅を行き来していた。[14] アクセルはテュイルリー宮殿近くにあるこの邸宅を、亡命したブルトゥイユ男爵から借りていた。彼と王妃の関係についてはあらゆる論が飛び交っているが、アクセルは貞節な恋人を装うような人間ではなかった。彼が信念から身を挺して王室に仕えたのは事実だが、恋愛は別の次元の話だった。マリー・アントワネットとの関係でもそれは明らかだ。この時点で、王妃は心から彼を愛し、アクセルは愛情のこもった賛美の念をささげた。ドラマティックな状況は二人の感情をさらに強め、信頼に満ちた永遠の愛情へと変えた。時は恋心を弱め、友情を強めた。危機は彼らの不安を煽ったが、一緒にいれば安心感に包まれる。

アクセルは軍人であり、王室に忠実に仕える僕《しもべ》だ。革命思想を嫌悪し、民衆運動に白い目を向けていた。「民衆は力を実感することを覚え、これを獰猛に使っている」「彼らがしたことを決して忘れてはならない」と。大恐怖*が猛威を振るった夏の終わりには、「この国にはもはや法も秩序も正義も規律も宗教もない。あらゆる絆は断ち切られた。どうしたら回復できるというのか。これが啓蒙思想、イギリス熱、哲学のもたらした結末だ。フランスは長年にわたり荒廃した。美しい王国だったのに、何とおぞましい状況に陥ってしまったことか」と嘆いている。彼を王室への忠誠に駆り立てたのは、何よりも恩人と彼が考える人々への感謝の念だった。王家が脅威にさ

* 上巻107頁参照

らされているのを目にしたアクセルはヴェルサイユに留まり、パリから荒れ狂った民衆が向かっているという報せの入った一〇月五日の夜も、多くの貴族たちと共に見張りに当たった。だが、正気を失った暴徒が宮殿に侵入し、近衛兵を惨殺し、王族の居室を荒らし回り、国王一家を罵倒するのを目にしても、何もできなかった。国王一家と近親者たちはパリへ連行され、アクセルは付き添いの一団に加わって同行した。父への手紙には、「私はすべてを目撃し、国王のお付きの者用の馬車の一台に乗ってパリに戻ってきました。六時間半かかりました。この二日間のような痛ましい出来事をもう二度と目にしないことを神に祈るばかりです」とある。パリへ到着した彼は、国王一家のいるテュイルリー宮殿を訪ねた。宮殿にはすでに数人の大臣がいて、そのうちの一人サン＝プリエからは、「ムッシュー、お引き取りください。貴殿と王妃の関係は知られているので、貴殿がいらっしゃるだけで王妃を危険にさらすおそれがあります」と言われ、パリの自宅に戻った。しかしできる限りテュイルリー宮殿を訪問し、使用人用の通行許可証も入手した。その二週間後には、ソフィーに「二四日にようやく彼女と丸一日を過ごしました。初めてのことですが、私がどれほど幸せかおわかりになるでしょう」と知らせている。

だが一一月に入るとヴァランシエンヌで暴動が起き、アクセルは急遽、事態鎮圧のために駐屯地へ呼び戻された。「部隊は自由の希望あるいは金に釣られ、引き込まれてしまった。（中略）ごろつきだけが闊歩している。彼らは失うものが何もなく、手に入ってくるばかりだから満足している。もはや誰も命令に従わないから、指揮を執ろうとする者もいない」。アクセルは権限を振るい、連隊の秩序を回復させ、反乱者を厳重に罰した。

彼は早くも一月にパリに戻り、連隊長の職を辞した。もうパリから離れたくなかったのだ。ルダンゴトを着て丸い帽子をかぶり、ブルジョワに変装してテュイルリー宮殿に入り込んでは、長い時間を過ごした。多数の宮廷人から見捨てられた国王夫妻は国民軍の監視を受け、世捨て人のような生活を送っていた。アクセルは再び、彼らに二枚舌を使うよう強く主張した。国王は表向きは議会の決議の一部を承認して革命家たちにおもねったが、裏では陰謀を画策したため、敵対者たちの疑惑を誘った。こうした状況においてアクセルは、王家に忠誠を誓いながらも近づけないでいる者たちと国王夫妻との仲介役を引き受けた。心配するソフィーに彼は、「陰謀を企てたり、公的な件に関わったりしない私のような者には危険など一切ありません」と書いている。その数週間後の一七九〇年四月一二日には、「あなたの五日付の手紙を受け取りました。私のお友達について書いてくださったことすべてに感謝します。愛しいソフィー、彼女はあなたが彼女に対して抱きうるあらゆる感情に値する方です。（中略）彼女の友情に私がどれほど感動しているか、想像もできないでしょう」「私は以前よりも少し幸せを感じ始めています。というのも、お友達のところに自由に出入りできるようになり、かわいそうなあの方の味わっているあらゆる痛みが少しだけ和らぐからです」と記している。「オーストリア女」への下劣な誹謗はひどくなる一方で、王妃はカンパン夫人に「中傷は人を殺すのに非常に有効です。これをもって人々は私の命を奪うでしょう」と述べている。

数週間もすると、アクセルは国王がパリにいる限り、いかなる行動も取ることはできないと確信した。新政権も国民も国王一家が逃亡しはしないかと神経質になっていたが、アクセルやエステルアジが熱心に説得しても、ルイ一六世は決して首を縦に振らなかった。エステルアジは幻滅して、家族の待つ国外へ去った。

一七九〇年夏、国王一家は最後の静かな時間を過ごした。パリとヴェルサイユ間にあるサン＝クルー宮殿に滞在し、比較的自由に行動することもできたし、一家の監視役ラ・ファイエットもアクセルの行き来を大目に見ていた。エステルアジは出発前に、アクセルにオートゥイユにある自宅を自由に使ってよいと伝えていた。ここならパリに借りている家よりもサン＝クルーに近い。彼はほぼ毎朝、馬で宮殿を訪ね、精力的な反革命派らしく、フランスをもう一度取り戻すための逃亡計画を再び国王に上奏した。

一七九一年に入る頃には、アクセルは国王夫妻にとってなくてはならない存在になっていた。国王夫妻の書簡を暗号化して相手へ届け、外部から届く暗号化された公用文書を解読するのも彼の役目だった。マリー・アントワネットは現状を皇帝である兄に説明するため、ウィーンにアクセルを派遣しようと考えており、一通の覚書を作成するよう依頼した。「私たちの間には信頼というものがあったためしがありません。書簡を書くにも兄を説得するにも、私にはほとんど方策がないことを彼らに説明してください。今の時点で私たちの間に新たな通信を確立することがどれほど困難かはよく存じておりますが、日々の情勢を見ておりますと、それが必要であることを痛感しないわけにはいきません」。だが結局、ウィーン派遣は実現しなかった。

二月、彼は父に宛てて手紙を書いている。「私の立場は、ほかの誰とも違います。（中略）私は国王と王妃に仕えており、お二人がつねにお示しくださったご厚意に報いる義務があります。お二人がもはや私のために何もできなくなった今、お二人を見捨てたりなどすれば、卑劣な恩知らずということになりましょう。お二人は以前からお示しくださった深い思いやりに加え、最近はありがたくも新たな栄誉を与えてくださいました。それは信頼です」。ソフィーへの手紙はより親密で、「彼女の振舞いはまるで天使のようです。その勇気と分別には驚かされます」とある。同じ頃、スペイン大使は本国に宛てて「王妃は絶望しており、抵抗も限界まで来ています」と報告している。いくら忠実であろうと、アクセルの判断力が曇ることはなかった。「国王はこうした知略のための教育を受けてこなかったし、現在のようなお立場に置かれる覚悟も予想もされていなかった。国王には活力も天賦の才も才気も感覚機能も力も気骨も、そしてそれを身につけるために必要な勇気も備わっていない。王妃はそうしたすべてのものを持っている。すべてを差配するのは王妃だが、彼女は国王ではない」[15]との歯に衣着せぬ批判は、王室の直面する困難を正確に言い当てている。同じ頃ミラボーも、「国王のそばに男性は一人しかいない。それは彼の妻だ」と述べている。

ルイ一六世にとって不幸なことに、アクセルは行動も助言も極端だった。彼は国王夫妻に決然と自分の存在と考え方を主張した。サン＝プリエ夫人はフェルセンを評価してはいたが、彼が危険をもたらしていることを本人に指摘した。「主人の言うところでは、人々はあなたをひどく非難しているのに、あなたは周囲を無視してある方を犠牲にして大変な迷惑をかけ、今でもそうだとか。このことを話題にされた方々は皆、あなたがその方の評判に無頓着なことにずいぶん驚いたそうです。その方に好意を寄せている人々は、あなたはその方を完全に失ってしまうだろうし、その方の生命さえをも危険にさらしていると考えているそうです」。スペイン大使は、「お気の毒な王妃が溺れまいと目の前にあるいかにも弱々しい枝につかまっている様は、哀れとしか言いようがない」と記している。

アクセルが逃亡計画の中心を担ったことは、国王夫妻からの信頼のほどを如実に物語っている。四月一八日、国王一家は復活祭をサン＝クルー宮殿で祝おうとしたが、民衆に阻まれて出発できなかった。これがきっかけとなり、国王も決心を固めた。「こうした状況でフランス国王でいるよりは、メッス王でいる方がまだましだ。[*] だがそれも間もなく終わるだろう」とアクセルに語り、マリー・アントワネットは声を低くして、「陛下はあなたの自由裁量にお任せになるとおっしゃっています」と補足した。誇り高いアクセルは、神の摂理が自分に働いたことに自尊心をくすぐられた。「私なしでは、この旅は実現しえない。私は信頼を受けたただ一人の人間で、国王には口の堅さを信頼できる者は一人としていない」。彼は逃亡を強硬に主張し、計画を立て、スイスのゾロトゥルンに亡命したブルトゥイユ、ブリュッセルに滞在するメルシー、東部軍総司令官ブイエらと精力的に連絡を取り合った。ブイエはメッスに駐屯しており、一七九〇年八月に反逆兵士たちを厳しく弾圧したことで、強硬な軍人だと考えられていた。緻密なフェルセンは計画の細部にまで配慮し、自分名義で金を借入れ、女友達のコルフ夫人[16]名義で黄色いベルリン馬車[**]を注文して、ごく秘密裡に準備を進めた。彼はソフィーに、空になった首席侍従ヴィルキエの居室から一家を逃がすルートを見つけたと知らせている。「この扉は見張られていないので都合がいいのです。王妃の階段の下にいる歩哨はここまで来ずに、丸天井の下に留まっています」

＊ 国王は、国外ではなくフランス東部の町メッスを目的地としていたとの説もある
＊＊ 一説には車体は緑色で車輪が黄色だったとも

出発は六月二〇日夜に決まった。アクセルは女の子に変装した王太子を抱き、マリー＝テレーズ王女（マダム・ロワイヤル）の手を引いて予定していた道をたどった。その後、近衛兵マルデンが王妃に腕を貸しながら下りてきた。王妃の横には、子どもたちの養育係トゥルゼル夫人がいた。王妹エリザベート王女はすでに馬車に乗っていて、ルイ一六世も合流した。アクセルはマルデンと共に御者席に飛び乗り、辻馬車はヴァロリとムスティエ*の待つサン＝マルタン門まで行き、そこでベルリン馬車に乗り換えた。午前二時半、ボンディで馬を替えた後、フェルセンは一行を残し、単独で出発した。ムスティエによれば、「国王は感極まってスウェーデン人を抱擁し、感動的な優しさをお見せになり、『フェルセン殿、余は貴君がしてくださったことを決して忘れまい』と感謝の言葉を述べられた」。アクセルは胸が締め付けられるような思いで、遠くへ走り去る馬車を見送り、モンス**へ向かった。彼は国王から大型王爾***を託されており、モンメディで再び国王たちと合流するはずだった。二二日にモンスに到着し、タウベに報告を入れた。「国王、王妃、エリザベート王女、王太子、マダム****は真夜中に無事にパリを出られました。私はボンデ

* いずれも元近衛兵
** 現在のベルギーの町
*** 王令や勅許などに押される大型の王印
**** マリー＝テレーズ王女

ィまでご一家に同行しました。これから出発し、再合流します」

だが旅を続けるアクセルのもとに、国王一家逮捕の報せが入った。六月二三日にグスタフ三世に宛てた手紙には、「すべて失敗いたしました。国王は国境から一六リューのところで逮捕され、パリへ連れ戻されました。私はブリュッセルに滞在するメルシー殿にお会いし、国王からの手紙をお渡しいたします。手紙は、皇帝からの働きかけを要請する内容です」と書かれている。悔やんでも悔やみきれないアクセルはソフィーに宛てて、「私はあの方々のために自分を犠牲にし、何らかの希望がある限りお仕えすることを決心しました。この決意だけが私を支え、悲しみを耐え忍ばせてくれるのです」と書き送っている。グスタフ三世はフランス国王夫妻を救うには団結が不可欠であると皇帝に納得させるため、アクセルをウィーンに派遣した。アクセルは三〇日に王妃に、「スウェーデン国王はあなた方に強い好意を寄せています。私は明日ブリュッセルへ向けて発ち、その後ウィーンへ向かい、全列強の連合に向けた交渉と働きかけをいたします」と書き、マリー・アントワネットは「ご安心ください。私たちは生きております。議会を率いる者たちは、態度を軟化させるつもりのようです。私の親族たちに、外部からなしうる働きかけの件についてお話しください。彼らが恐れているのなら、妥協が必要です。（中略）さようなら。もうこれ以上書くことはできません」と返事をした。だが皇帝は行動を起こすつもりはなかった。

何か月もの間、アクセルはフランス王室が瀕している危機をヨーロッパ各国の君主たちに知らせようと、要人たちを訪ね回った。しかし逃亡計画の大失敗を自分個人の誤りと考え、自尊心がずたずたに傷つけられたところに、王妃が議会、とりわけアントワーヌ・バルナーヴ*に接近していると聞いて信じられない思いだった。歴史家ジャン゠クリスチャン・プティフィスの言葉を借りれば、「好色で徹底主義のフェルセンは、状況に怒り狂った」。断固たる反革命派アクセルの激情の裏には、嫉妬心の混じった苦い思いも隠れていたようで、日記には「王妃はバルナーヴと寝ていて、言うなりだと噂されている」とある。だがこの嫉妬の根本には、王妃への愛よりも自尊心が多分にある。彼は有益な妥協を進言するのではなく、個人的な恨みと逃亡計画の失敗の無念から、断固たる態度をつらぬくよう勧め、結局は王妃に利益よりも損害をもたらした。一〇月一九日付の王妃の手紙には、「ご安心ください。私は過激派《アンラジェ》どもの言いなりにはなりませんし、彼らの数名に会ったり連絡を取ったりするのは、彼らを利用するためだけです。歩み寄るにはあまりにおぞましい者たちです」と書いている。

逃亡計画の共犯者でお尋ね者のアクセルはパリに帰れない分、ますます刺々しくなっていった。フランスのために動こうともしない列強諸国や無能な亡命者たちを見ては、憤怒と不安を募らせる毎日だった。マリーは彼の命に危険が及ぶのを危惧して、パリに来てはならないと命じた。「あ

* 革命家の中でも立憲君主制を支持する穏健派

なたのことが気がかりでした。私たちの近況が届かず、ご心配なさったことと心苦しく思います。（中略）とりわけ、どんな理由があろうとこちらに戻ってはなりません。私たちをここから逃がしてくださったのがあなただということは知られておりますので、あなたがいらっしゃればすべてが失われてしまいます」。つねのごとくロマンティックで感傷的なマリーはエステルアジを介して、アクセルに緑色の宝石の付いた金の指輪を贈った。[17]

二人はまたもや引き離されたが、半年後の一七九二年一月のアクセルの日記には、「王妃は私のパリ行きに同意した」と書かれている。彼はグスタフ三世からの書簡と新たな逃亡計画を携えてパリへ向かった。再度逃亡を試みることを頑として退ける国王に、強く迫ろうと決意していた。二月、アクセルは老人に扮し、かつらをかぶり、偽造旅券を携えて、危ない橋を渡ってパリへやってきた。一四日に国王と王妃と会見したのちに記したグスタフ三世への報告書からは、ルイ一六世の慎重な姿勢が改めて浮かび上がってくる。「国王が反逆者たちに譲歩するつもりがないことを確認した私は、外国から救済の手が差し伸べられれば、ごく容易に王政と王権を完全に再建することができると説明し、簡単に理解いただけました。（中略）フランス国王は私に、現状では彼らと交渉し、利用せざるをえないこと、何とも嫌なことではあるが、彼らの要求にすべて従わねばならないことを陛下にご説明するようにとおっしゃいました」。日記には、「〔もう逃亡はしないと公に」何度も約束したので、逃亡をよしとしなかった。彼は善良な人間だ」と書いている。実際のところ一家は厳重に監視されていて、逃亡は物理的に不可能だった。アクセルのパリでの状況はごく不安定で、二月二一日には出立せねばならなかった。これがマリーとの最後の逢瀬だった。

＊＊＊

以降、彼らの関係は暗号書簡のやり取りでだけ続いた。マリーは何よりも励ましと支えを必要としているのに、アクセルからは不愛想な手紙が送られてくることもあった。「あなたのお心が過激派《アンラジェ》どもに振り回されないように。彼らはあなたのためになることは何一つできないごろつきです。あなたは彼らを疑って、利用せねばなりません」。アクセルはもはや助言するのではなく、権高に命令する。いつも小言を言ってくる彼に、王妃が謝ることもあった。「ご満足いただけるかわかりませんが、あなたから指示されたことはここにすべて書くようにいたしました。けれども国政に慣れない者にとって、これはとても難しいことです」。彼に気を使うマリーに対し、アクセルはもはや遠慮なく非難を浴びせた。「お叱りを受けないように、こうしたことをお知らせする次第です」とは王妃の言葉だ。だがフェルセンはなぜこれほど独断的なのだろう。プライドの高い彼は王妃とバルナーヴが接近していることに傷つき、王妃が自分以外の者の助言を仰ぐことに我慢ならなかった。苦悩する人間が、愛する人を苦しめようとするのは奇妙な現象である。狭量な非難も珍しくなく、王妃に自分以外の頼みの綱をつかませまいとしているのではないかと思えてくる。しかし、ブリュッセルに戻ったアクセルがすぐにエレオノール・シュリヴァンとの関係を再開したことを考えると、彼のやり方は認め難い。「彼女なしでは私は幸せになれない。習慣からあるいは愛着から、私は彼女に会う必要があるのだ」。こうした考え方に愛情はあるのだろうか。アクセルは何を求めているのだろう。歴史家フランソワーズ・ケルミナが「彼の日記を読むと、取り返しがつかなくなる前に自らの進む道を整えるため、王妃の運命を何とか把握しようとしていたのではないかという不愉快な印象が残る」と指摘するように、フェルセンは自己中心的な神経衰弱者だったのだろうか。彼は俗っぽい愛と、自らの中で神話と化した聖なる愛との間で折り合いを付けねばならなかった。夢想を愛し、幽閉生活の中で何よりも希望を必要としていたマリーは、無理にでもおとぎ話の貴公子のごとくアクセルを信じようとした。そうすることで安心感を得られるからだ。だが果たして貴公子は本当に愛から行動したのだろうか。

アクセルは現状の不安をソフィーに打ち明けた。「パリの状況は相変わらずで、私は国王と王妃の命を案じるばかりです。(中略)宮殿はつねに脅威にさらされています。国王夫妻は外出することも、同時に眠ることもできません。居室に残忍な者どもが押し入ってくるのに備え、どちらかが起きているよう交代で睡眠をとられています」。アクセル自身も二枚舌を使うことにした。彼はルイ一六世を救おうと熱心に動きつつ、心の中では望みなしと諦めていた。彼は王弟プロヴァンス伯爵による一種の摂政体制に向けて、国王から委任状を取り付けようとした。「我々はあらゆる手段を使って書状をお届けし、ムッシュー*への全権委任状を入手いたします。ムッシューはアルトワ伯爵と協力して、全任務の先頭に立たれるでしょう」。だが王妃の返事は手厳しかった。彼女にとってそんなことは論外であり、信頼するアクセルが、彼女がひそかに「カイン**」と呼ぶ王弟に味方して、こうした行動に出たことに落胆した。

さらに続けざまに二つの出来事が起こり、ヨーロッパ中を動員して革命を潰そうとしていた動きに待ったがかけられた。一七九二年三月一日、王妃の兄レオポルト二世（一七九〇年のヨーゼフ二世没後に皇帝に即位）が突然他界し、息子フランツ二世が即位したが、新皇帝は叔母の救済には無関心だった。運命のいたずらだろうか、その数週間後には、ルイ一六世救出に熱心だったグスタフ三世が仮面舞踏会で暗殺された。アクセルはマリーに「国王の悲しむべき酷な訃報はすでにそちらにも届いていることでしょう。国王の他界により、確固たる支援者、信頼に足る協力者が失われたのです。耐え難い損失です」と嘆いている。

---

* プロヴァンス伯爵

** 旧約聖書『創世記』のカインとアベル兄弟。カインはアベルを逆恨みし、殺害した書簡のあちこちに記されているアクセルの不安は的を射ていた。六月二〇日、テュイルリー宮殿に暴徒が侵入し、国王一家に罵倒を浴びせた。この日、一家は何度、終わりの時が来たと思っただろう。一日が終わる頃、王妃はアクセルに宛てて急いで短信をしたためた。「私は生きておりますが、これは奇跡です。この二〇日はおぞましい一日でした。さようなら。お体をお大事になさって、あまり心配なさらないでください」。アクセルはフランス人に脅威を与えようと、ジエオフロワ・ド・リモン騎士を通してブラウンシュヴァイクの宣言を起草させ、七月二五日に発表した。しかしこれは取り返しのつかない過ちだった。宣言では国王一家に危害が加えられることがあれば最悪の報復が科されるであろうと恫喝し[18]、フランスを激怒させ、運命の八月一〇日の暴動のきっかけとなり、王権は停止された。国王一家は拘束され、タンプル塔に幽閉された。アクセルのソフィーへの手紙にはこう書かれている。「国王一家は命拾いしましたが、その運命は確かではありません。神よ、あの方々をお守りください！　あの方々を救うためなら、この命も差し出しましょう。宮殿中が略奪され、荒らされ、国王一家はフイヤン牢獄に閉じ込められています。誰もあの方々に会いに行ったり、近づいたりしようとしません」。連絡がないため、不安は一層増すばかりだった。「八月二五日。愛しいソフィー、何の連絡もなく、私は絶望しています。私を愛してください。苦しむ兄を哀れに思ってください」。九月一二日には「国王一家の近況は一切入ってきません。極悪人も新聞記者も、誰もがこの話題に触れないよう、忘れさせようと申し合わせたかのようです。（中略）この四年間で目にしたすべてのことは、人間への嫌悪感を抱かせます」と書いている。

ブリュッセルを後にしたアクセルは、デュッセルドルフでルイ一六世の裁判と処刑の報せを受け、絶望に打ちのめされた。「哀れなご一家、哀れな国王、哀れな王妃。この血と引き換えにあの方々を救うことができれば、どんなに幸せだろう。そうなれば天に感謝するだろう。私の状況は最悪で、耐え難い。彼女とその家族のために死のうと誓ったこの私が何もできないでいる。大衆の屑から生まれた怪物や悪党どもが彼らを支配下に置いていて、もしかすると命を奪ってしまうかもしれない。そう考えるだけで気が狂いそうだ。私は無益な後悔から逃れることができず、自分の無力さの中で怒り狂うことしかできない。あの方々が示してくださったあらゆる好意や信頼を考えると、打ちのめされる思いがする。神よ！　なぜ六月二〇日に、あるいは八月一〇日に私はあの方々のために死ねなかったのだろう！*　命をかけた務めを妨げるものは何もなかったはずだ。私は自らの栄光と名誉をかけていた。私の唯一の目的は、徹頭徹尾このことをあの方々に証することだった」。苦境を前にして、フェルセン一族に流れる誇り高い血は動揺するどころか高揚する。だがプライドはあっという間に痛恨の念に取って代わられた。「愛しいソフィー、フランス

* 六月二〇日はヴァレンヌ逃亡の日、八月一〇日はテュイルリー宮殿襲撃の日

国王の訃報が届いたことと思います。断頭台へ上るルイ一六世の姿が、頭から離れません。（中略）私は憂鬱に苛まれ、やり損ねたすべてのことに嫌気がさしています」。それでも彼は望みを失わず、幼いルイ一七世の摂政として立つようにとの覚書を王妃宛てに作成した。何としても彼女を動かしたかったのだ。

だが、彼にはさらなる苦悩が待っていた。「一七九三年八月一六日。愛しいソフィー、王妃がコンシェルジュリー牢獄へ移送され、忌まわしい国民公会の決定により、革命裁判所で裁きを受けるという恐ろしい不幸な報せはそちらにも入っていることと思います。もうこの瞬間から、私は生きておりません。このような苦しみを味わうことは、生きていることにはならないからです。（中略）彼女を救うための唯一の手段は、迅速にパリに進軍することです。（中略）彼女のために死ぬことができればこの上なく幸せですが、その幸福さえ叶えられません」。感情的で空想的な故グスタフ三世の政策を放棄したスウェーデンの摂政[19]なら、国益のために進んでフランス共和国を認め、条約を締結しかねない。そうした確信は、彼をさらなる絶望に突き落とした。アクセルの妨害を恐れる摂政は彼を遠ざけようと駐ロンドン大使のポストを提案したが、彼は断った。

不幸続きで父は病に臥し、ソフィーはスウェーデンに帰国するよう兄に懇願した。だがアクセルに帰国するつもりはない。「私は父の状態にひどく狼狽しています。父を亡くすのではないかと考えて、絶えず苦痛に苛まれています。ですが、現時点でここを去るわけにはいきません。不幸な王妃について一つも報せが入ってきませんし、それがよい兆候であることを祈ることしかできません。私はつねに彼女に思いをはせています。彼女があのぞっとするような牢獄に閉じ込められていると考えると、今吸っている空気さえ忌まわしくなる時があります。牢獄にいる彼女のことを思うと、魂がずたずたにされ、憤怒と苦痛の間で引き裂かれます」。王妃のところへ侵入して逃がす計画も立てられたが、いずれも失敗に終わり、マリー・アントワネット自身ももうこうした計画を立てないでほしいと希望した。彼女には子どもを置いてパリを後にするつもりなどなかった。

マリー・アントワネットが裁判にかけられ、死刑宣告を受け、処刑されたと聞いたアクセルは、完全に打ちのめされた。「愛する善良なソフィー、私を憐れんでおくれ！　憐れんでおくれ！　私はこの世ですべてを失った。残されたのはあなただけだ。私の幸福、私がその人のために生きていた方はもういない。(中略)彼女はもういないが私はまだ生きている。(中略)優しいソフィー、私と一緒に泣いてほしい、あの方々のために泣いておくれ」。それでも、彼の頭にあるのは自分のことだった。彼はエレオノールと二人で過ごしたが、エレオノールは王妃と比べられることに我慢ならなかった。彼の心の中で、エレオノールは彼女の代わりにはならない。何という甘美さ、何という優しさ、何という善良さ、何と細やかな心配り、何と愛に満ちた繊細な心！　もう一人の方はそうではない。何と私の人生は変わってしまったことか、この世でもっとも素晴らしく、誰もがうらやむ人生だったのに、何とわずかな幸せしか許されなかったことか！」。こうした文章からは、彼がマリー・アントワネットのことよりも、かつての寵臣の地位を惜しんでいるのではないかと思えてくる。ロマン主義を先取りして、詩人アルフォンス・ド・ラマルティーヌのように「私たちの唯一の真実はこの苦痛だ」と言うこともできただろう。だが、そうした言葉はない。王妃の処刑からちょうど一年後、彼は「私にとってこの恐ろしい日、私は誰よりもこの世で私を愛してくれた方、真実愛してくれた方を失った」と書いているが、彼女への感情は述べられていない。王妃がもたらしてくれたものだけが、彼にとって意味をなしていたようにも思える。

もう彼を引き留めるものは何もなくなったが、それでもスウェーデンには帰国しなかった。「人殺しども」と協定を結ぶような摂政など、見たくもなかったのだ。摂政からはスウェーデン軍におけるフェルセンの役割を諭されたが、ソフィーを通じて返事を送った。「現時点では、苦痛や後悔しか感じられず、何らかの望みがわいてくるような状態ではありません。心がもう少し落ち着いたら検討しましょう。今のところ、ここに残り、戦局を見守ることしか望みません」。実際のところ、摂政もあまりにフランス国王に近い人物の帰国を望んでいなかった。父の病状は悪化し、一七九四年四月二四日に息子との再会を果たせないまま息を引き取った。その一年後、スタ

5797

マリー・アントワネットと5人の男 下

愛読者カード　エマニュエル・ド・ヴァリクール 著

＊より良い出版の参考のために、以下のアンケートにご協力をお願いします。＊但し、今後あなたの個人情報(住所・氏名・電話・メールなど)を使って、原書房のご案内などを送って欲しくないという方は、右の□に×印を付けてください。　□

フリガナ

お名前　　男・女(　　歳)

ご住所　〒　　-

市　　町
郡　　村

TEL　　(　　)

e-mail　　@

ご職業　1会社員　2自営業　3公務員　4教育関係
5学生　6主婦　7その他(　　)

お買い求めのポイント

1テーマに興味があった　2内容がおもしろそうだった
3タイトル　4表紙デザイン　5著者　6帯の文句
7広告を見て(新聞名・雑誌名　　)
8書評を読んで(新聞名・雑誌名　　)
9その他(　　)

お好きな本のジャンル

1ミステリー・エンターテインメント
2その他の小説・エッセイ　3ノンフィクション
4人文・歴史　その他(5天声人語　6軍事　7　　)

ご購読新聞雑誌

本書への感想、また読んでみたい作家、テーマなどございましたらお聞かせください。

郵便はがき

料金受取人払郵便

新宿局承認

1993

差出有効期限
2021年9月
30日まで

切手をはら
ずにお出し
下さい

160-8791

343

東京都新宿区
新宿一−二五−一三

（受取人）

原書房

読者係 行

1608791343　7

図書注文書（当社刊行物のご注文にご利用下さい）

書名	本体価格	申込数
		部
		部
		部

お名前　　注文日　年　月　日

ご連絡先電話番号　□自宅　（　　）
（必ずご記入ください）　□勤務先　（　　）

ご指定書店（地区　　）（お買つけの書店名をご記入下さい）　帳

書店名　　書店（　　店）　合

ール伯爵はスウェーデン政府を代表して、フランス共和国を認めた。

父の遺産を相続したアクセルに、金銭的な心配はなかった。心底王妃を愛していたとしても、彼が無欲だったわけではない。海に注ぎ込む川のように、美徳も利害にまぎれるとどこかへ消えてしまう。彼の手元には、逃亡計画の資金調達のために王妃に作成させた一通の短信があった。「メルシー伯爵には、手元にある私たちの全資金──およそ一五〇万リーヴルになるはずです──をフェルセン伯爵に送金するようお願いし、フェルセン伯爵には、これを私たちの心からの感謝の念と、伯爵の損失の埋め合わせとして受け取っていただくよう願います」。王妃はブリュッセルに滞在するメルシーにダイアモンドも預けていた。アクセルはメルシーに会いに行ったが、メルシーは、この短信にある金額はマリア＝クリスティーナ大公妃*に渡し、彼女から甥にあたる神聖ローマ皇帝に渡ったと説明した。そこで皇帝に連絡を取ったがなしのつぶてで、アクセルは一銭も手にすることができなかった。アクセルの打算的な行動は愉快ではないが、皇帝の振舞いは不誠実だ。

一七九四年一〇月三〇日、アクセルは母国の土を踏んだ。サロンや女性たちは喜んで彼を迎えた。彼は悲恋のオーラに包まれていて、それが一層魅力的だった。若きスウェーデン国王グスタ

＊ マリー・アントワネットの姉で、夫と共同でオーストリア領ネーデルラント総督を務めた

フ四世アドルフは丁重に、しかし儀礼的に彼を迎えた。アクセルはステーニンゲ城に落ち着き、不機嫌で不満だらけの毎日を送った。大使としてカールスルーエ宮廷に派遣されたが、一八〇〇年には再び帰国した。元帥、総司令官と多くの名誉を授けられ、底なしの自尊心を満足させたが、これが災いのもととなった。一八〇九年三月、グスタフ四世は退位し、息子で世継ぎのグスタフと共に追放された。彼に代わって即位したのが、かつて摂政を務めたカール一三世だった。世継ぎのいない新王はカール・アウグスト*を甥と呼び後継者に指名したが、彼は四一歳で前触れもなく他界した。グスタフ四世派は、未来の国王に毒を盛ったと糾弾された。フェルセンの身が危ないと知らされた国王は、「あの思い上がった貴族にはいい薬だろう!」と言い放ったという。一八一〇年六月二〇日、アクセルは亡き王太子の遺体の護衛を命じられたが、軍隊の目の前で民衆に襲われた。彼が常日頃、フランスで蛮行を繰り返す「ごろつきども」と非難していた民衆に石で打たれ、踏みつけられ、官憲たちが到着したときには絶命していた。一人の男が、スウェーデン人は盗人ではないと言いながら金時計を遺体に戻した。それは一七八五年にマリーから贈られ、肌身離さずつけていた時計だった。

* デンマーク、ノルウェーの王家に連なる家系の出身

エステルアジ伯爵

「慎重な人は自らに利益をもたらす。徳の高い人は他人に利益をもたらす」

ヴォルテール

マリー・アントワネットを取り巻く友人たちの中で、隙のない落ち着きのある温厚な紳士と言えば、ヴァランタン・エステルアジだ。マリー・アントワネットからもルイ一六世からも信頼されたが、王妃が彼のような信頼できる人々を必ずしも重用しなかったのは残念でもある。しかし彼女がエステルアジを格別に引き立てていたことは確かだ。二〇年以上にもわたる愛情のこもった関係は周知の事実で、ルイ一六世もそんな王妃の友情を支持していた。エステルアジは王妃の寵臣の中で唯一、陰りのない安定した寵愛を享受した人物である。彼のおかげで王妃は相手を尊重する友情の素晴らしさを知り、安心感を得た。彼が後世のために詳細な証言を残していたら、この上なく有意義な資料となったことだろう。だが彼の回想録は王妃の私生活に関しては寡黙だ。いや、彼に関わりのあるすべての女性の私生活について寡黙と言った方が正しい。エステルアジは控えめに、「王妃からは多くのことを教えていただいたが、その後忘れてしまった」と述べている。ただ幸いなことに、妻との往復書簡には王妃との豊かな友情について貴重な詳細が記されている。

寵臣の中でも、フェルセンとエステルアジは王妃に影響力を及ぼし、ある程度明確に政治的役割も担っていた。フェルセンが光なら、エステルアジは影だ。エステルアジにはほかの取り巻きのような才気煥発さはなかったが、王族への献身ぶりと感謝の念は群を抜いており、控えめながらも誠実に王妃に仕えた。彼は生涯、忠誠をつらぬいた。王妃との親しい関係がもたらす個人的な利益を退けることはなかったものの、取り巻きの中でももっとも欲のない人物であった事実は変わらない。世間は王妃の男性関係を糾弾した。だがそうした関係では、儀礼に則って王妃と親しくなり、誠実に友情を築いた者もいる。エステルアジはこのタイプだ。没落した一族の栄誉を回復したいと熱望していた彼は、野心を持っていないわけではなかった。だが、その行動には腹黒い計算や欺瞞が見られない。そうしたことは性に合わないのだ。「他人を愛そうと、やはり自分が他人よりも少しだけ可愛い」との彼の言葉からは、まるで自分の望みに罪悪感を抱いているような印象を受ける。

彼は王妃の取り巻きの中で、唯一メルシーのお眼鏡にかなった人物でもある。「エステルアジ伯爵はつねに立派な人物だと考えられていますが、そうした評判には確かな根拠があります」。

メルシーは人を批判するときは饒舌だが、ほめるときにはその限りではないようだ。

エステルアジ家はもともと上部ハンガリー*のポジョニ伯爵領出身**の小貴族で、シャラモン・マジャル部族***に属する非常に古い家柄である。一一八六年の資料には、ハンガリー国王ベーラ三世に仕える王立裁判所の法官として、一族の伝説的祖先モクドの名が登場する。一八世紀に入ると名門貴族の地位は失われたが、一族の起源の記憶がすたれることはなかった。エステルアジ自身も子どもたちに、「子どもたちよ、名家の出身であることは大きな利点です。この利点は、ほかの方々が国や王家に果たした貢献の対価を受け取る権利を与えてくれ、高い地位に近づけてくれ、優れた教育のおかげでそうした地位を要求することもできるのです」と述べている。マリーも当初は母国を追われたこの若いハンガリー士官に対し先入観を抱いていたが、彼の上品な気質や誠実な性格を目の当たりにして、そうした偏見は霧散した。

マリーが時折見せる執念にも近い強情さは、何らかの熟考の結果ではなく、子どもっぽい性格

* ほぼ現在のスロヴァキアに当たる
** 現在のブラチスラヴァ
*** マジャル人のうちブラチスラヴァのジトニー島を起源とする部族と言われており、複数のハンガリー貴族もこの部族の流れを汲む

から来ているのだろう。そうした性格の彼女が、ガランタ*やフラクノー**を治めていたエステルアジ家出身のヴァランタンとの一切の交流を拒絶したとしてもおかしくなかったはずだ。一五世紀から一八世紀にかけて世の注目を浴びたハンガリーの由緒ある貴族出身で、一族はハンガリー、オーストリア、ポーランド、トルコが同盟を組んだり敵対したりした長期にわたる戦において、好戦的な反乱者として名をはせたのだから。しかし実際は拒絶するどころか、仲間内では「私の兄弟」と慕っていた。

エステルアジ家は伝統的にオーストリアを支持し、一六二六年に伯爵領を拝領した。だがヴァランタンの祖父アンタルは分家筋で、一七〇三年に一族の大部分と共にハプスブルク家によるハンガリー支配に抵抗して、トランシルヴァニア大公ラーコーツィ・フェレンツ率いる反乱に加わった。反乱は組織立っていなかったため、混乱のうちに挫折し、一七〇八年にはマリー・アントワネットの祖父カール六世軍により壊滅した。高潔なカール六世は反乱者たちに、オーストリアに公式に忠誠を誓えば大赦を与えようと約束した。エステルアジ一族の主家はこれを受け入れ、一七一二年に侯爵***の地位を与えられたが、分家はハプスブルク家の支配に逆らい、フランスに

* 現在のスロヴァキア南西部
** フォルヒテンシュタインとも。現在のオーストリア中東部
*** ドイツ語で言うフュルスト

移住して不安定な状況に陥り、没落した。オーストリアの弱体化を狙っていたルイ一四世はこの反乱を支持し、ラーコーツィと「クルツ」軍（ウィーンに抵抗するハンガリー人）の一部を受け入れた。これにはルイ一四世の計算が働いていて、経験を積んだ勇敢な兵士たちを受け入れれば、さほど費用をかけずに軽騎兵隊を立ち上げることができ、国王軍外国人部隊の伝統が引き継がれる。没落し、母国を追われたハンガリー貴族たちは傷つけられた自尊心で身を固め、中欧での紛争で追放された貴族たちの一軍に加わった。そうした貴族たちは「いとも敬虔なる国王*」の庇護を受けていて、何とか飢死を免れた。ルイ一五世妃マリー・レクザンスカの実家もフランスの庇護を受けていた外国王族で、父は王位を追われたポーランド国王だった。

だが宮廷での四年間もラーコーツィとアンタルの血気を鎮めることはできず、二人はコンスタンティノープルへと向かい、ハプスブルク帝国と戦っていたオスマン帝国に加勢することにした。ハンガリーを追放された二人はオーストリアを憎悪し続け、団結して好機を狙っていた。しかしついにオーストリアを倒すことは叶わず、アンタルと、縁戚で戦友のミクローシュ・ベルチェーニ伯爵はそれぞれフランスに妻と一人の息子を残して、ロドスト**で没した。

* フランス国王を指す言葉
** 現在のトルコのテキルダー

マリー・アントワネットはヴァランタン・エステルアジの祖父が自分の祖父に歯向かった過去を根に持ったりはしなかったが、マリア＝テレジアは違った。女帝には父のような寛大さもなければ、娘のようなあけすけなところもなく、恨みを忘れなかった。とりわけ一七七四年にウィーンに滞在中のヴァランタンが王妃に即位したばかりのマリー・アントワネットに自分を推薦してほしいと依頼してきたときには、断固たる態度を見せ、「自分の臣下でもなく、自分に仕えているわけでもない士官のために、そんなことはしたくありません」と断った。マリー・アントワネットが宮廷で彼に目をかけると、マリア＝テレジアはメルシー宛ての書簡で繰り返し、「高位にあるわけでもなく、名家でもなく、つねに亡命者扱いされてきたあの男」と娘が親しいことに驚き、「気取って軽薄なエステルアジと手紙を交わし合うなど、王妃の名誉にもとる」と嘆いた。確かに身分違いではあったが、手紙の内容はほとんどが宮廷の消息ばかりで、不名誉なことは書かれていなかった。一七七八年にも、女帝はハンガリーの反乱者の孫への悪意をむき出しにした。身ごもっていたマリー・アントワネットは、ウィーンに出産の報せをもたらす使者にヴァランタンを指名しようと考えたが、母から「そのような重大な報せをこちらにもたらす使者として、エステルアジは全く不適任です。彼は名家の出ではありませんし、つねに亡命者扱いされてきたのですから」という手厳しい返事が送られてきた。エステルアジと名の付くものすべてに対する女帝の恨みは少しも弱まることなく、生涯続いた[1]。マリア＝テレジアはハンガリー女王でもあったから、主君の評価に値する忠実で誠意あふれるこのハンガリー人を、進んで娘に推薦してやってもおかしくなかったはずだ。だが、いかに偉大なる女帝でも視界が曇ることもある。

＊＊＊

ヴァランタンの父のジョゼフは[*]、ロドストで没したアンタルの一人息子で、母ニグレッツリ伯爵夫人と共に、パリで生計の道もないまま取り残された。しかし彼は父同様、自我も覇気も備えていた。国を追われた者たちの連帯から、縁戚のベルチェーニ伯爵[**]が手を差し伸べてくれた。未来の元帥であるベルシュニーはジョゼフより一〇歳以上年上で、愛国心に富んでいた。「古き時代の完璧な紳士で、普通なら学んだことを忘れる年頃になって、勉学に励んだ」。彼は独学で努力を重ね、王国軍で隊長を務めるまでになっていたが、自らジョゼフに軍人教育を施し、数年後の一七二〇年にはわずか一五歳の彼に騎兵連隊の一中隊を任せた。この騎兵連隊は、ベルシュニーが国外追放されたハンガリー人を徴募して立ち上げたものだ。ストラスブール駐屯地に配属されたジョゼフは、知的で如才ない若者だった。アルザス要塞司令官を務める老ル・ブール元帥[2]

＊ ハンガリー語読みではヨージェフ

＊＊ フランス語読みではベルシュニー。以下、ベルシュニー

とも親しくなり、可愛がられ、一七三五年には元帥を通して、自分名義の騎兵連隊と三〇〇〇リーヴルの年金を取り付けてもらった。これなら何とか困窮から抜け出せそうだ。

彼は直ちに、フランス南部セヴェンヌ山地のル・ヴィガンの宿営地に送られたが、無為に時間を過ごすことにうんざりした。怠惰な生活が性に合わず、社交しようにも現地の付き合いはごく狭かった。

地域の名士たちと交友を結んだジョゼフは、フィリピーヌ・ド・ラ・ヌガレード・ド・ラガルドと知り合った。彼女には四人の弟がおり、ジョゼフと同じくらい貧しくて、バリス通り二番地に家族が所有する邸宅に住んでいた。[3] 貧しい二人の若者は一七四〇年一月に結婚し、一〇月二二日には長男ヴァランタン・ラディスラス*が生まれた。この子こそは、模範的な軍人としての道を歩みつつ、トリアノンで王妃の控えめな寵臣となる人物である。王妃の寵臣の中で、ヴァランタンは間違いなくもっとも社会的上昇を遂げた人物だ。無収入の亡命者から、王妃のお気に入りにまで上りつめたのだから。

一七四〇年一〇月二〇日、マリア＝テレジアの父カール六世がキノコ中毒で他界した。「この

* ハンガリー語読みではヴァレンティン・ラースロー

キノコ料理がヨーロッパの運命を変えた」とはヴォルテールの言葉だ。皇帝の娘夫妻の即位を妨げようと列強が仕掛けたオーストリア継承戦争は当初、若いエステルアジ夫妻にとって、幸運が巡ってきたかのようだった。フランスも参戦したため、部隊を集めねばならない[4]。ジョゼフは自らの連隊を四中隊に拡大し、義弟三人——末の義弟は聖職者になるはずだった——に託した。一七四一年春、連隊はバイエルンの戦場へと出発した。妻フィリピーヌは身ごもっていて、一〇月九日に女の子マリー＝アンヌを出産した。ジョゼフが帰還したのはその一年後で、数週間後にはまた連隊を率いて戦へと旅立った。彼はあらゆる紛争で戦い、一七四三年六月二七日のデッティンゲンの戦いで手柄を立てた。戦場で危ない目に遭いながらも生き抜いたが、その年の夏、バイエルンのアシャッフェンブルクで日射病にかかり、さらにそれまでの負傷が原因であっけなく世を去った。

ようやく先が見えてきたと思ったエステルアジ一家は、またもや崖から突き落とされた。「母は夫を失ったと同時に、子どもに幸運が巡ってくるかもしれないという期待をも失った」。夫の豪勢な生活が原因で重なった多額の借金と幼い子どもを抱え、未亡人となった伯爵夫人は絶望のあまり涙を流すしかなかった。わずかばかりの持参金で何とか借金を返済すると、数週間で金が底を突き、一家は食べるものも寝るところもない状態に追い込まれた。夫と暮らしていたストラスプールの宿営地を引き払い、子どもたちを連れて実家に戻った。彼女は、亡き夫の名にかけて宮廷に救済してもらおうと固く決めていた。そこでまたもや手を貸してくれたのが、エステルアジ家の救世主ベルシュニー伯爵で、陸軍大臣に嘆願してくれた。「この一家が置かれております窮状を目にし、私は閣下のご厚意にすがる義務を感じております。あえて申し上げますと、この未亡人とその子どもたちは、名誉なことに我々がお仕えする偉大なる主君の同情に値いたします。彼らの家名は立派ですが、パンもない有様なのです」。宮廷の援助を必ずや取り付けると誓ったフィリピーヌは、子どもたちとヴェルサイユのベルシュニー伯爵宅に身を寄せた。数週間後、待ちに待った回答が送られてきた。五〇万エキュ——何とかそれなりの生活を送るのにぎりぎりの額——の年金が支給されるとのことで、陸軍大臣アルジャンソン伯爵からは、ジョゼフの騎兵連隊長の襲職権*を息子のヴァランタンに約束された。だがこの手の約束は守られたためしがない。しかも幼いヴァランタンはまだ三歳なのだ[5]。当面の収入手段を得たフィリピーヌは、金のかかるヴェルサイユを引き払い、実家の援助が期待できるル・ヴィガンへと戻った。だが地方の小さな村にいても、国を追われた貧しい一家に未来が開ける可能性は無に等しく、先は暗かった[6]。

　母方の家族や同い年の腕白な従兄弟たちに囲まれて、幼いヴァランタンはのびのびと幼少期を送った。母は父の不在を補おうと厳しかったが、ヴァランタンはしなやかな草のようにすくすく

＊ 上巻113頁参照

と腕白な野生児に育った。お世辞にも器量よしとは言えず、背は低く、ずんぐりとして、頭は大きくて四角く、黒玉のような漆黒の髪はぼさぼさだった。暗い目は少し出目気味で顔を覆うように大きく、茂みのように濃い眉毛が外見への無頓着さを物語っていた。子どもと言えば可愛いはずなのに、粗野な彼には愛らしさの影もない。だが恵まれない外見を補うかのように頑健で、抜群の体力を誇っていた。一見荒っぽいがその実、心優しく慎重で、注意深く思いやりがある。早くに父を亡くしたため、母や妹には格別に優しかった。女性に親切で彼女らを守ろうとする性格の彼は、未亡人で金に苦労する母や父方の祖母の悲しみをつねに気にかけていた。女性を魅了するには心もとない外見に多少劣等感を持っていたが、気取りのない一歩引いた優しさや控えめさはこれを補ってあまりあり、のちに宮廷でも高く評価された。結局のところ、人の心を和らげる者が多くを得、真の力を手にするのだ。

その六年後になっても、状況ははかばかしくなかった。「私は九歳になっていた。読み書きはかろうじてできた。誇り高い母は私を学校に入れようとしなかったが、ル・ヴィガンで教育を受けようと思ったら学校しかない。一方、私は祖母に甘やかされ放題だったので、母は私が頑固で怠け者で不遜な人間になるのではないかと恐れた」。状況はますます厳しくなり、母は苦労を重ね、息子は鬱々とし、祖母はそんな苦境を少しでも和らげようと努めた。だがヴァランタンの優れた気質が知られるようになり、最初の印象にとらわれなかった者は意外なうれしい発見をした。幼少時代のつらい経験から、つねに控えめな態度を崩さず、人を出し抜こうなどとはしない。回想録にも、王妃の寵愛についてわずかしか書かれていないほどだ。王妃から好意を寄せられて悪い気はしなかったが、今までの人生への復讐とも考えなかった。

彼は王妃をも魅了した優しさと明るさ、陽気さを備えていた。だが幼少時代の経験から、つねにどこか物悲し気で、それが女性たちの心をつかみ、夢中にさせた。女性たちは力強い男性らしさにひかれるが、弱さはさらに魅力的だ。彼のこうした性格が、王妃との関係の骨組みにもなっている。マリーはヴァランタンを庇護しようと尽力し、まるで兄弟のように遇していた。そうなれば、利益を引き出した方が得策だ。王妃はヴァランタンをライバルたちや大臣たちから守り、国王に推薦し、国王も彼を評価した。また借金を肩代わりして年金を付けるなど、数えきれぬほど厚遇した。こうした寵愛は空振りではなかった。というのもヴァランタンの美点は変わることなく、寵愛を享受しつつも決して感謝を忘れず、謙虚に忠誠を守ったからである。

だがそれはまだ先の話だ。一七四九年、ヴァランタンの母は改めてヴェルサイユで運を試すことに決めた。結果は上々だった。ルイ一五世が個人的な財産から追加年金を出してくれることになったのだ。王妃マリー・レクザンスカは、ヴァランタンが相応の年齢になったら小姓にして、マリー＝アンヌをサン＝シール女学院*に入れましょうと約束してくれた。だがもっとも大きな助けとなってくれたのは、今回もベルシュニー伯爵だった。伯爵自身にも六人の子どもがいてさほど裕福というわけではないのに、かつてはジョゼフに軍人としての道を開いてくれた上、今度はヴァランタンを養子に迎えようと申し出たのだ。彼はヴァランタンを「フィアム（ハンガリー語で「我が息子」の意）」と呼び、自分の連隊に入隊するまでの間、教育を引き受けようと提案した。ヴァランタンの母はありがたく申し出を受け、子どもたちのそばにいられるようにと、パリのサン＝ジェルマン＝デ＝プレの修道院に一部屋を借りた。

「私は実子同様に迎えられ、ベルシュニー騎士**に与えられるものはすべて同時に私にも与えられた」とヴァランタンは述べている。パリのポスト通り***にある寄宿舎ロンビエで学び、のちの帝国元帥コランクールと親交を結んだ。夏になるとベルシュニー一家と共に、フランス東部リュネヴィル近くのリュザンシー城で過ごした。ベルシュニーはここで、かつてのポーランド国王スタニスワフ・レシチニスキ****の主馬頭として務めていた。リュザンシーでのヴァランタンや子ど

* 一七世紀にマントノン侯爵夫人によりヴェルサイユ近くに設立された貴族のための女学校
** ベルシュニーの息子
*** 現在のロモン通り
**** マリー・レクザンスカの父

もたちの勉強は、律修参事会員*ルコント神父が見た。数学、ラテン語、ドイツ語、武器の扱い、馬術、バイオリン、ダンスなど盛りだくさんだった。勉学と遊びに励んだ滞在中、ヴァランタンは国を追われたポーランド国王であり、ルイ一五世の義父に当たるスタニスワフの宮廷に通された。スタニスワフは人がよかったが、ヴァランタンは宮廷では「少しでも滑稽な振舞いをすればすぐに目を付けられ、物笑いの種になる」ことに気付いた。貧しい小貴族な上にやや粗野な外見のせいで、不愉快な経験でもしたのかもしれない。それでもいくぶんか人気者になり、ブフレール侯爵夫人に声をかけられて、宮廷の娯楽として準備中のモリエールの『女学者』に出演することになった。のちにトリアノンの王妃の小劇場でも舞台に立つことになるヴァランタンの、「王族劇場」のデビューである。一七五六年、一五歳で初めて恋を知ったのも、リュザンシーでだった。相手はリュザンシー嬢と呼ばれたアデライード・ド・ベルシュニー**で、彼と共に舞台に立った。また実生活と同じく小間使いの役を演じた、国王のオレンジ用温室《オランジュリー》の管理人の娘とも恋に落ちた。ヴァランタンは自分にも女性をひきつける魅力があると知って安心した。ただしベルシュニー伯爵夫人からは、若い女の子をたぶらかさないようにと叱られたが。彼は女性に心ときめかせ、女性たちの心をときめかせる才も持ち合わせていた。

* 聖堂運営を補佐する参事会のうち、修道院に近い生活を送っていた

** ベルシュニーの娘

＊＊＊

波乱万丈な思春期を過ごした彼は、一七五七年に自分の足で人生を歩み始めた。ベルシュニーはヴァランタンに働き口を見つけるという約束を忠実に守り、ヴォークルールに駐留する長男の連隊に属する一中隊を一万フロリンで購入した。「優れた祖先たちから受け継がれた血にふさわしい末裔《フィアム》であることを証明なさい。つねにイガズ・マジャル（真のハンガリー人）、ヴィテス・カトナ（勇敢な兵）でありなさい」。指揮官になった彼は弱冠一七歳だったが、軽騎兵の軍服に身を包んだ姿は凛々しかった。中隊長の職のおかげで収入が確保される上、これを足がかりに世に出て、二代続いた一族の不運を晴らすこともできるかもしれない。「これは新たな段階への一歩に過ぎないはずだと私は感じていた。当時の軍隊ではすべてが売買されていたが、私は一文無しだったため、例外的に昇進するには、戦死するか頭角を現すしかなかった。私は経験を積む機会を待ちながら、数多くの活動でこれを補わなければならず、あらゆる場面で首位にならねばならなかった」。朝は誰よりも早く起き、夜は最後に寝る。彼は若輩ながら、あっという間に隊員たちの尊敬を集めた。実は心のどこかに怠惰さや無気力さ——軍人ならば克服すべき欠点だ——がくすぶり続けていたことを考えると、まさに尊敬に値する働きぶりだった。背が伸びず小柄だったが、ハンガリーの荒草原《ステップ》を疲れることなく駆け巡る小ぶりな馬のような勇敢さと頑健さは周囲を圧倒した。彼の回想録には、休みなく活動し続ける軍人生活が一続きの絵画のように描かれている。彼が属していたのは主に外国人からなる職業軍人部隊で、そうした外国人兵士たちはしばしば母国ではない帰属国のためではなく、自らが主君と認めた国王のために戦った。

七年戦争が勃発すると、一七五七年七月に連隊はライン軍に合流し、ヴァランタンはロスバッハの戦いで、初めて実戦を経験した。ドイツ語が流暢で、つねに先頭を切って戦いに向かう彼は、アルマンティエール元帥[7]やブロイ元帥[8]の目に留まり、二人ともルイ一五世にヴァランタンの働きぶりを喧伝して、昇進を助けた。陸軍の記録文書には、「勇気、知性、覇気に富み、教養深く、熱心で、思慮深く、職務にまことに忠実で、有用に仕えるために生まれてきたような士官」と記されている。ヴァランタンの回想録は私たちに、若い士官の生活や古きよき時代のレースの戦い*について教えてくれる。そうした戦いでは、陣形を組むことは稀で、向こう見ずな局地戦と退屈な包囲戦が主要戦法だった。敵の士官と交渉する場合もあり、全く交戦しないまま各軍が陣地に戻ることもあった。それでも外出許可が出ることは稀で、時には何年にもわたる長い無為に耐えかねることもあった。ヴァランタンが「この任務を任された喜びに比べれば、危険を恐れ

* 士官がレースの軍服を着用し、儀礼を重んじる戦い方

る気持ちなどわずかに過ぎない！」と嘆きの言葉を連ねているのもそのためで、退屈のはけ口として戦いの危険を求めた。

決して堅物ではないヴァランタンにとって、野営生活には別の危険もあった。女たちとの情事だ。遊び過ぎを反省し、回想録に「こうした過ちは体を壊し、時間を無駄にし、堕落させる。放蕩相手には事欠かないが、野卑な生活が待っている。（中略）この過ちのせいで冒した危険を考えると、今でもおののくほどだ」と記している。特に賭け事の楽しみを知るとすっかり夢中になり、二万リーヴルもの借金を作ってしまった。根が真面目なヴァランタンは一時自殺を考えるまでに追い詰められた。「突然、母や妹のことが思い浮かんだ。私の犯した過ちや罪を知ったら、彼女たちはどんなにつらい思いを味わうだろう。同時に、死んでも借金は帳消しにならないし、名声は失墜するだろうことを理解した。（中略）私は賭け事、カード遊び、それらを発明した者たちを呪った」。彼を保護し、借金を清算してくれたのは、またしても頼りになるベルシュニーだった。哲学者ディドロの言うように、「もっとも幸せな人間とは、多くの人を幸せにした人間だ」。だが一七六二年冬、ベルシュニー元帥はフランス東部ミュルーズで、甥ヴァランタンの腕の中で他界した。[*]今後頼りにできるのは自分だけだ。ベルシュニーは最後の最後にも、ヴァランタンを推薦する手紙を陸軍大臣に送り、ヴァランタンは二二歳にしてルイ一五世からプラハに駐留する国

＊死亡したのは元帥の息子ニコラ・フランソワとの説もあり

王軍の連隊長に任命された。この大抜擢により、彼の名はハプスブルク帝国の追放者リストから削除された。

中欧が戦場になった数年間、ヴァランタンは空いた時間を利用して、オーストリアやボヘミアに住むエステルアジ一族を訪ね、祖父アンタルに仕えた下僕とも会った。一族の長であるヴィスコンティ家出身のエステルアジ公妃マリア＝アンナ*にも紹介され、一目で気に入られた。彼女はヴァランタンを当地の名門貴族に紹介し、社交界は彼を歓迎して、年金を付すことにした。ヴァランタンは「これほどの大金は手にしたことがない！」と喜びの声を上げている。血は争えぬとルイ一五世が口にしたように、ヴァランタンは名門の出らしく御者付きの馬車を購入し、早々に愛人を作った。相手はケルン選帝侯の姪ヴィッテルスバッハ公妃で、ヴァランタンは下にも置かぬ扱いをした。「私は若く、彼女に夢中になった。彼女は美しく、逆らい難かった」。兵隊に群がる娘たちとの一夜限りの遊びも楽しいが、サロンや閨房《けいぼう》のもたらす喜びは別格だった。

駐ロシアオーストリア大使館——親族ニコラウスが率いていた——をはじめとする外交機関も彼に注目し、外務大臣に報告し始めた。不愛想な宰相カウニッツも彼を手厚くもてなし、執念深いマリア＝テレジアを激怒させた。ヨーロッパの新聞は、パリの記者の言葉を借りれば「伝説に

＊夫パール・アンタルがエステルアジ本家の当主であったが、一七六二年に他界

包まれた荒々しい美貌の」このハンガリー騎兵について書き立てた。聞くところでは、一族の起源はアッティラ*にまでさかのぼり、六〇の町と四一四の村を治めていたというではないか。

紛争が解決してフランスに戻ったヴァランタンは歴戦で磨きがかかり、社交界での成功と武勇伝で箔を付けていた。彼がフランスに持ち帰ったものの中でとりわけ重要だったのは、人間関係とぎっしりと埋め尽くされた人名帖だった。エステルアジ、フェルセン、リーニュ大公。それぞれ個性は違っても、いずれも第一にヨーロッパ人であることを体現する一八世紀貴族だった。

当時宮廷はフォンテーヌブローに滞在していたが、ルイ一五世はいつもと代わり映えしない顔ぶれに飽き飽きしていたところで、ヴァランタンを狩りや夕食に招待した。国王はその数年前にブロイ元帥から送られてきた報告書のことを忘れていなかったし、王妃マリー・レクザンスカは、かつて母に連れられていた幼い男の子を覚えていて親切に遇し、つねに有能な者たちを求めるショワズール公爵も、「ムッシュー、貴君に向いた職をおっしゃっていただければ、後は私たちが何とかしましょう」と申し出た。ヴァランタンにとっては願ってもない好機だ。彼が希望したのは、父と同じく自分名義の騎兵連隊だったが、多くの宮廷人同様、名誉を軽蔑するふりをした。「軽蔑」と「嫌い」は必ずしも同義語ではないのだ。だが戦争が終結して動員解除されると、希望が

* 五世紀、フン族の王

叶う望みは薄くなった。そこで彼は巧みにショワズールの妹のグラモン公爵夫人や、彼の愛人のキンスキー公妃に働きかけて、口添えしてもらった。ここにヴァランタンの性格の一端が見える。彼は女性の庇護下に入り、彼女たちが自分のために計らってくれるように動かすことに長けていた。計算は当たった。寝室や書斎での熱を帯びた交渉から数週間後の一七六四年二月一〇日、ヴァランタンはエステルアジ名義の騎兵連隊の長に任命された。この連隊はフランス革命勃発時までに、フランス第三の規模を誇るまでに成長することになる。父を早くに亡くした流浪の幼子は巻き返しを実現した。「一七六四年五月六日（連隊が彼の所有となった日）はまぎれもなく、私の人生最良の日だった。フランス軍人の中でも、連隊長の地位はもっとも快いものだ」。同じ日、連隊は初めてリュネヴィルのスタニスワフの前で行進し、その後サールブール、次いでムーゾンと帝国三司教領*の管轄に配属された。

フランスに平和が訪れると、新たな地位を手にしたヴァランタンは自由を謳歌し、快適な生活を送ることができるようになった。「私は二週間おきにヴェルサイユへ行き、月に一度、国王と狩りを楽しんだ。（中略）宮廷人と見なされるにはこれで充分で、宮廷の官職に就く必要はなかった」。だが宮廷人の例にたがわず、彼も任務で地方に足止めされていても、ヴェルサイユ宮廷

＊　一六世紀にフランスが神聖ローマ帝国から奪ったメッス、トゥール、ヴェルダンの三都市。一七世紀にフランス領になった

に忘れられるようなことだけは避けたかった。そこで就任して最初に購入したのが、遠出のできる快適なベルリン馬車だった。ヴァランタンはブザンヴァルやヴォードルイユやローザンのような社交人ではなく、「こうした生活が楽しいわけではないが、私の属する社会の人々は皆こうした生活を送っている。私もそれに従おう」と語っている。ともすると怠惰に傾きがちな性格だったが、自分の得になりそうなことは見逃さない目ざとさもあった。彼はマリー・アントワネットがフランスへとやってくるずっと以前に、「私の属している宮廷」と言えるほどまでに足場を築いていた。

肉体的な魅力には恵まれなかったヴァランタンだが、恋の楽しみをあきらめるつもりはなく、細やかで親切な性格で女性を魅了し、情事を重ねた。スペインの作家セルバンテスが愉快そうに記した「破れ鍋に欠け蓋」ということわざもある。ヴァランタンは情事に熱中し、「パリで楽しい仲間たちと過ごし、楽しみに耽っていた」。彼は思いやりある恋人であり、人の心をとらえるロマンティストであり、女性たちの母性本能をくすぐった。自身でも若者特有のロマンティシズムを笑いながら、女性好きな性格を告白している。「人は恋し、あるいは恋をしていると思い、のぼせ上がって、真の情熱を満たそうと感覚を動員する。少しでも抵抗しようものなら、美徳の努力だとされ、弱さは感情豊かだと称賛される。だが男性たちからあまりにも不当に扱われている女性たちよ、私はあなた方に多大な恩を負っている。私が社交界で少々の成功を収めることができたのも、ひとえにあなた方に愛される喜びゆえなのだ」

それでも時にはだまされることもある。名誉を重んじるヴァランタンは裏切りを嫌い、厄介事に巻き込まれることもあった。「あるとき、私は大勢の人が見ている前で、恋人に対し何とも愚かな嫉妬の修羅場を演じた。後悔の念に苛まれ、雨のパリを歩き回り、刺繍が縫い取られた服や手に持った帽子が濡れた。そのため高熱が出て、肺炎にかかった。彼女は一度も私の状態を尋ねに使者を送ることなく、その無関心ぶりに病状はさらに悪化した」。何週間も寝込んだ苦い経験だ。

軍務の合間には何か月もの自由時間があったので、同世代の若い貴族の例にもれず、イギリスに熱を上げた。英語を流暢に話す彼は何度かロンドンに足を運び、社交シーズンを楽しんだ。ヨーロッパ中を旅した彼につねに付き添っていたのはベルシュニー元帥の元秘書官で、ヴァランタンは彼に声をかけて自分の連隊に入隊させた。行く先々で歓迎され、ベルリンではフリードリヒ二世から手厚くもてなされた。この機を利用して、野営地を訪問したり、演習に参加したり、プロイセン、オーストリア、ポーランド、ハンガリーなどの軍人と交流して、知識に磨きをかけた。こうした数年間、彼はフランス陸軍大臣と連絡を取り続け、定期的にベル＝イル公爵や後継者のショワズールに、自分の目にした部隊や宿営の様子について報告書を送っていた。

＊＊＊

その間も、ショワズールはヴァランタンを庇護し続けた。オーストリアのマリア＝テレジアと同盟を結び、その証としてルイ＝オーギュストとマリー・アントワネットの婚姻を整えた宰相は、一七七〇年二月、王太子の肖像画をウィーン宮廷に運ぶ使者にヴァランタンを抜擢した。当時ヴァランタンは二九歳。マリーより一五歳年上だ。これが二人の出会いだった。だが使者とはいえ、ヴァランタンが直接宮廷に届けるわけではなく、フランス大使デュフォールに渡すのが使命だった。それでも彼はこの任命に大喜びした。「この任務により生じうるあらゆるこまごまとした同意を取り付けるようにとの命令が大使に下された」。こうした同意の一つが、皇女との会見だ。「私は彼女の集まりに加わることが許され、彼女の部屋での毎晩の集まりや、彼女の習っているロト遊びに参加した。のちに彼女は生涯を通して私を厚遇してくださり、つねにその証を与えてくださることになるのだが、それは当時から始まっていた」。当時の出会いについて、ヴァランタンはこれ以上のことを語っていない。当時の関係者全員がそうであったように、彼も二つの宮廷の儀礼にはさまれて必死だったのかもしれない。だがこれを機にマリーは彼を知り、フランスでの未来と関連付けて考えるようになった。つまりヴァランタンは、ヴェルサイユ宮廷でマリー・アントワネットのシェーンブルン時代を知る数少ない人物の一人だったのだ。幼少期を懐かしむマリーにとって、この事実は何ものにも代え難い大きな意味を持っていた。「この姫君が世界でもっとも麗しい玉座に就かれるために出発したのを目にした私は、かの地で断頭台が待ち受けていようとは想像もしなかった」

目下のところ、ヴァランタンはウィーンでの代理結婚のすべての祝賀行事に出席し、できる限りマリア＝テレジアに自分の存在を印象付けた。女帝も彼を無視するわけにはいかなかった。宮廷、ベルヴェデーレ宮殿、フランス大使館でのすべての舞踏会に足を運び、母ほど頭の固くないヨーゼフ二世に歓迎された。とりわけお気に入りのエステルアジ公妃マリア＝アンナの集まりでは、皇帝は一層愛想がよかった。

ウィーンでのヴァランタンは、初めて会ったときから力になってくれたこの親戚の女性との再会を果たした。彼女の邸宅に招かれ、カウニッツ、リヒテンシュタイン公妃、ショワズール の愛人キンスキー公妃の従姉妹らとも再会し、多くの人に紹介されて、彼らを通してウィーンの最上流社会の仲間入りを果たした。彼はフランス生まれだが、中欧の血を引いていることを決して忘れず、今や不可欠の要素にまでなっていた。フランスでは身分の低いさすらい人と見られがちだが、神聖ローマ帝国の社交界では同胞として迎えられ、由緒ある家柄に連なる者として遇された。フランス革命が勃発すると、ヴァランタンがほとんど迷いもせず亡命先を決め、到着先で多くの人々から大歓迎されたのにもこうした背景がある。

皇女の出発後、ヴァランタンはエステルアジ公妃と共にウィーンを発ち、スパ*へと向かった。スパは選り抜きのヨーロッパ貴族が集まる美しい温泉地だ。まるで冒険旅行のような道中で、自身も「スパへの旅行は非常に長かった。伯母はゆっくりと旅行したかったのだ。非常に敬虔な彼女は毎日礼拝に出席し、多くの馬車で旅行しているというのに、盗人を恐れて皆一緒に走らねばならなかった。橋を通る前には、しっかりしているかどうか下から確認せねばならない。結局劣悪な道を通り、ひどい宿をとりながらスパに到着した」と述べている。数週間の滞在後、フランスに帰国したときはほっとした。彼はアルデンヌ地方のストネに駐留する連隊に合流したが、意外な報せが待ち受けていた。陸軍大臣が彼の働きぶりに報いて、聖ルイ勲章十字章の授与を取り計らってくれたというのだ。

ヴァランタンは宮廷にできるだけ伺候し、事あるごとに新王太子妃マリー・アントワネットに面会した。彼はヴェルサイユ滞在中に、自分の庇護者ショワズールは賛否両論の的で、国王の新寵姫デュ・バリー夫人との対立が原因で徐々に冷遇されていることに気が付いた。結局ショワズールは、一七七〇年一二月に罷免された。かつての宰相は汚名を着せられ、国王は彼の隠棲するシャントルー城訪問を禁止したが、ヴァランタンは一七七一年に「この時代にもっとも好

* 現在のベルギーの町

感の持てる男性」に会いに行くことに決め、二か月滞在し、「ここなら喜んで一生過ごしてもいい」と述べている。当時、国王による禁令を破る者は少なくなかった上に、「ショワズール派」が彼の政界復帰に向けて画策していた。

ヴァランタンの虚勢ともいえる行動は、それなりの結果を伴った。「下劣で執念深い」陸軍大臣モンテナールがこのちょっとした誤りに激怒し、ヴァランタンの連隊を解散させることにしたのだ。表向きは財政難ということだったが、報復であることは誰の目にも明らかだ。ル・ヴィガンの母を訪ねていたヴァランタンは、裏でこうした動きが広がっていることを知らずにいた。一方、ヴェルサイユの友人たちは彼のために激しく抵抗し、王太子妃に口添えを依頼した。「彼女は直ちに助力を約束し、私の件について王太子にお話しになり、モンテナール殿に使いを送った。王太子夫妻は極めて熱心に私を擁護してくださったため、モンテナール殿も連隊の存続を約束せざるをえなかった」。これがその後二〇年続くマリーの庇護の始まりだった。ルイ＝オーギュストは彼を個人的に知っているわけではなく、陸軍大臣から送られてくる資料や妻の話でしか知らなかったが、この件は、王太子夫妻が意見は一致しなくとも、協力して便宜を図る場合もあったことを示している。親しい者たちから事の成り行きを知らされたヴァランタンは、ベルリン馬車に飛び乗ってヴェルサイユへ一目散に向かい、王太子夫妻に感謝した。「王太子と王太子妃はまことに親切に遇してくださったが、モンテナール殿は苦虫を噛み潰したような顔だった」。ヴァランタンは恩知らずではない。彼は王妃への感謝の念を抱き続け、マリーもその点をよく承知していた。

その後、エギュイヨン公爵がモンテナールの後任として陸軍大臣となった。ヴァランタンは、一難去ってまた一難の思いだったろう。というのもエギュイヨン公爵は、ヴァランタンを庇護してくれたショワズールの天敵だったからだ。

王太子夫妻に守られたヴァランタンは、連隊に戻ったのち再びウィーンへと向かった。マリア＝アンナは大歓迎してくれたが、慎重なヴァランタンは、外交官である親戚のニコラウス宅に逗留することにした。一年近くに及んだ滞在中、ヴァランタンは幾度もヨーゼフ二世に面会した。皇帝は彼と過ごす時間を楽しみ、妹マリー・アントワネット宛ての手紙にも彼をほめる言葉を綴った。皇帝には毎晩宮廷婦人のところで夕食をとるという不思議な習慣があった。エステルアジ公妃、キンスキー公妃、リヒテンシュタイン公妃、クラリー伯爵夫人、カウニッツ伯爵夫人の五人がこの栄誉に与っていたが、皇帝はヴァランタンも同席させるようにと主張した。「何度か、陛下は私を馬車に同乗させてくださった。ほとんどの場合、夕食の席には男性は陛下と私しかいなかった」。ルイ一五世が病に臥し他界したとの報せを受け取ったのは、シェーンブルン宮殿にいたときのことだった。「皇帝は、新王妃宛ての手紙をそちに預けよう、一緒に一年過ごした仲だから、そちから彼女に王妃としてのあり方を伝えるようにとおっしゃった」。帰国の日が近づいていた。

当時、ルイ一五世の罹患した天然痘の伝染を恐れて、宮廷はマルリーに滞在していた。ヴァランタンが皇帝から王妃宛ての手紙を携えて宮廷に上がると、王妃は何時間も彼と過ごし、ウィーンや家族のことを尋ねた。「国王がおいでになると、王妃は私をマルリーに滞在させたいと頼み、ウィーンのことでまだ聞きたいことが山ほどあるのですとおっしゃった。国王陛下は私に留まるようにとおっしゃり、ノアイユ伯爵に命じて住まいを調えてくださった。（中略）当時エギュイヨン公爵は更迭され、ル・ミュイ伯爵が陸軍大臣を務めていた。王妃は自ら大臣に、マルリー逗留が終わるまで私を連隊に戻さないでほしいと頼まれた。大臣は、これ以上に効力のある外出許可はありませんと言われた。（中略）私は頻繁に王妃にお会いし、夜はサロンで過ごした。サロンで国王はビリヤードやトリック・トラック*を楽しまれていた」。この滞在中、彼は王族たちの私生活を目の当たりにした。マリーを取り巻く親しい者たちの輪ができつつある頃だったので、王妃の友人たちとも知り合いになった。彼自身、初期の取り巻きの一人であり、宮廷から広く受け入れられていた。ヴァランタンの温和な物腰や控えめさは変わることなく、オーストリア皇帝にも近いことは広く知られていたからだ。新王妃にとって、この点は何よりも重要だった。ロー

＊上巻92頁参照

ザンやブザンヴァルやヴォードルイユのような、才気には恵まれていても宮廷ではさほど重要ではない地位にある者の多くが、早くも王妃の目の前で激しい競争を繰り広げる一方、ヴァランタンの穏やかで協調性に富んだ人柄は好感を誘った。彼の優しさに心動かされた最初の取り巻きがポリニャック夫人ヨランドだ。彼は数週間で、王妃を取り巻く愉快な輪の中に自分の居場所を見つけた。ソファで打ち明け話に耳を傾け相談に乗っていたかと思えば、窓際では助言や安心感を与え、皆から意見を求められた。つねに控えめで口が堅かったから、秘密を打ち明ける相手として絶大な信頼を得ていた。

以降、ヴァランタンは軍務以外は、つねに国王夫妻や宮廷と行動を共にした。王妃の寵愛には一点の曇りもなく、もはや彼なしでは何も始まらず、ほかの王族からも目をかけられるようになった。これは王妃のお気に入りとしては唯一の例で、陰口が横行する宮廷でやや棘のある性格に育ったルイ一五世の王女たちでさえ彼を迎え、手放しに評価した。アルトワ伯爵もこの新参者を気に入り、ノルマンディーとブルターニュ沿岸の旅行に連れて行くことにした。その数週間後には、国王からの急な依頼で、ランスでの戴冠式に連隊を率いて同行した。さらに王族に従ってシヨワジーに滞在し、同じ年の夏や秋はフォンテーヌブローで過ごした。国王夫妻は、奥ゆかしく謙虚な彼の力になりたいと願った。「この旅行中、国王は町の収入から拠出される一〇万リーヴルの終身年金を付けてくださった。これは一年で、一万フランの収入になる」。こうして貯めた資金をもとに、パリのグロ・カイユ地区に家を借りた。

寵愛はヴァランタンの生活の隅々にまで行きわたった。マリーは彼にマルカッサン*という名の犬を贈り、その肖像画を注文した。彼はこの犬をずいぶんと可愛がり、手紙にもたびたび「マルカッサン殿がよろしくとのことです」などの表現が登場する。[9] ウルサン**という子犬が来たときには、マリーは是非とも見せに連れてくるようにと伝えた。こうした他愛ないエピソードだけでなく、大臣交代時にも寵愛が大きくものを言った。一七七五年秋、ル・ミュイ伯爵が「石の病気***」で他界すると、サン＝ジェルマン伯爵が後任に就いた。サン＝ジェルマン伯爵は陸軍改革に向け、かつてのモンテナール同様、騎兵連隊の廃止を唱えたが、直ちに王妃が反対した。腹に据えかねたサン＝ジェルマン伯爵は、仕返しにヴァランタンの連隊を「フランス中でもっとも不愉快な駐屯地」モンメディ送りにした。ヴァランタンは王妃のもとに駆けつけ、落胆のほどを訴えた。王妃は「私に任せなさい。私がサン＝ジェルマン殿に話すことを、あなたご自身の耳でお

* 「子イノシシ」の意
** 「ウニ」の意
*** 結石

聞きなさい」と答え、大臣を迎えに使いを送った。「ムッシューは私が誰かに興味を示すだけで、その方に嫌がらせをされるのですね！　なぜエステルアジの連隊をモンメディに送るのです。あそこは不愉快な駐屯地ですし、騎兵隊が配置されるような場所ではありませんわ。別のところに配置なさい」「しかし、マダム、配置はもう決まっております。配置済みの連隊を移動して、別の連隊を投入することなどできますか」「ムッシューの判断次第です。とにかく私はエステルアジ殿が満足するようにしたいのです。のちほど報告にいらしてください」。そう言って王妃は背中を向け、書斎へと移動した。書斎にはヴァランタンがいて、扉の隙間から一切を聞いていた。サン＝ジェルマンは忌々しい思いだったが、従わないわけにはいかない。ヴァランタンは希望通りメッス配属になった。「この日以降、サン＝ジェルマン殿は二度と私に会おうとしなかった」。宮廷も政府も、エステルアジ伯爵に手出しすれば、王妃の逆鱗に触れることを理解した。彼自身も「宮廷で丁重に扱われた私はパリでも一目置かれ、何もせずとも名声の恩恵に与った。（中略）パリで私を歓迎しない家は、一つとしてなかった」と告白している。王妃のひいきぶりは相当で、自身がパリに行かないときでも、町中の劇場にある王妃専用桟敷席の使用許可を与えた。

一七七六年冬は、ほぼずっとヴェルサイユに滞在した。「私はたいていいつも国王と狩りをし、王妃と乗馬に行きます」「今度の火曜日は聖ユベールの祝日のため、*　アルトワ伯爵の一行と共に

＊　聖ユベールあるいは聖フベルトゥスは狩りの守護聖人

ムードンに狩りに行きます。明日はフォッス・ルポーズの森で、国王の狩りがあります」。王妃はヴァランタンとの散歩がお気に入りで、トリアノンに行くときには同行するようにと伝えていた。「王妃から明朝トリアノンに会いに来るようにとの連絡が来ました。王妃は馬車で散歩し、天気がよければ馬車から降りられるとのことです」。彼女は、ヴァランタンに彼と同じくらい優しく飾り気のない（と彼女が考える）ポリニャック伯爵やコワニー公爵を引き合わせたいと考えていた。ヴァランタンにとっては願ってもない話で、取り巻きたちも王妃の命令とあれば、彼のために場所を空けてやらねばならないことを知っていた。「私はポリニャック夫人のところで、アルトワ伯爵と昼食をいただきました。昼食後、王妃がいらして、二人でトリック・トラック*で遊びました。けれどもおしゃべりしながらゲームをしたので、ずいぶんと時間がかかりました。私は四ルイの負けを出しました。その後、国王のブーツ脱ぎ《デボテ》**に同席し、国王から大変親切にしていただきました。私たちは森や狩りのことについて話しました。（中略）その後、国王は地図を探しに人をやり、私たちは八時まで地図を検分しました」。彼はその一歩引いた性格ゆえに、おそらくどの取り巻きよりも王族たちの日常生活に溶け込み、まるで遠い親戚のような存在となった。「王妃はトリアノンにいらした。私たちは喜劇を演じ、ポリニャック夫人の友人たちも全

* 上巻92頁参照

** 狩りから戻りブーツを脱ぐ時間。宮廷人にとっては重要な行事の一つ

員招かれた。国王は狩りにおいでにならないときは、いつも昼食をとりにいらっしゃり、毎晩夕食を召し上がっていた。トリアノンで寝起きしていたのは、王妃とエリザベート王女、お付きの女官たちとポリニャック夫人だけだった」

王妃の取り巻きたちからすれば、美男でもなく穏やかな性格のヴァランタンは危険なライバルではなかった。しかも、さほど野心があるようにも見えない。彼らはなぜ彼が王妃のお気に入りなのか首を傾げながらも彼女の酔狂に付き合ってヴァランタンを迎えたが、感じのよい人柄に接すると、その存在をすんなりと受け入れた。幼少時から目立つことに慣れていないヴァランタンは、日々大きくなる寵愛に不安を覚えた。宮廷人たちは嫉妬し、こうした人物に王妃が目をかけることに驚き、また王妃の気まぐれが始まった、オーストリアへのノスタルジーだろう、寵愛を受け続けるような要素は何も持ち合わせていないようだから、そのうちお払い箱になるに決まっているなどと噂し合った。

だが今のところ、王妃の娯楽の場には必ずヴァランタンの姿があった。マリーは「ひげを生やした彼の軍服姿」を素晴らしいとほめ、なるべく軍服を着てくるようにとせがんだ。これはフェルセンも同様で、二人とも軍服で得をしたとも言える。ヴァランタンは取り巻きの中でもとりわけこのスウェーデン人と心を通わせ、王妃と彼の想いを察してからは、さらに惜しみない友情を示した。

狩りの季節になると、ヴァランタンは王族と共にフォンテーヌブローに滞在する。人々はフォンテーヌブローに住まいを持つ彼をひどくうらやましがった。「私はささやかながらも城に住まいを与えられていて、多くのご婦人たちからうらやましがられています。彼女たちは宮廷での居場所はあるのですが、町に住んでいるのです。私は居室になるべく簡素な家具を入れましたが、寝台だけは新品にしました」。王妃の寵臣である彼は、彼女の行く先々で歓迎を受けた。一七八五年八月末にコンデ大公がシャンティイで国王一家を豪勢に迎えたときにも招待され、その一年後にも招待を受けた。「シャンティイはもっとも明媚な場所として知られ、現在も暮らしが営まれていて、素晴らしき君主の住まいと言えましょう！（中略）今夜は厩舎で夕食の予定です。厩肥のにおいが少しもしない中で二四〇頭もの馬と夕食をいただくなど、類を見ないスペクタクルだと言われています」

ヨーゼフ二世が一七七七年にフランスを訪れたときにも、ルイ一六世の名代としてストラスブールまで迎えに行く役にヴァランタンが任命され、誰もがごく自然にこれを受け止めた。

こうしてヴァランタンがたぐい稀なる寵愛を受けていた一七七九年春、王妃が麻疹にかかった。高熱と痙攣から麻疹と診断されたが、峠を越えた王妃はトリアノンで四人の寵臣の世話を受けながら回復期を過ごそうと考えた。「コワニー公爵、ギーヌ伯爵、*ブザンヴァル男爵、私が宮廷から引き離された。(中略)トリアノンで過ごした三週間は本当に楽しく、ひたすら王妃の健康と楽しみに集中すればよかった。心地よい場所で美しい季節に開かれる簡素な小宴、馬車での散策や船遊び。陰謀も仕事も賭け事も一切ない。自分たちが宮廷にいることを感じさせるのは、この場の華麗さだけだった」。簡素な楽しみと信頼できる人に囲まれて、この上なく愛おしいシェーンブルンでの家族生活が戻ってきたかのようだった。残念ながら、三名の寵臣と共に王妃の間近で過ごしたこの数週間について、ヴァランタンはこれ以上の証言を残していない。歴史家エルネスト・ドーデの言うように、「このうち一人でも、王妃の部屋での会話を伝えてくれていたらと思う。エステルアジはまるで口止めされているかのように、婉曲にわずかなことしか記していない。年を取って分別もわきまえるようになり、ありうべからざる軽率な行いだったことを理解し、後悔のあまり語れなかったのだろう」。ここにマリー・アントワネットの生涯の逆説がある。王妃はすべての者に尽くす義務があるのに、簡素な生活や信頼を求めることは許されないのだ。

この有名な出来事からは、マリーがヴァランタンをつねに手元に置いておきたがったことが改めてわかる。彼の穏やかな性格は、宮廷から離れた静かな生活への王妃の憧れと一致したのだ。「昼食前、私は(鏡の)回廊で王妃にお目にかかりました。彼女は昼食時に私をそばに呼び、日曜日

* ギーヌは一七七六年に伯爵から公爵に陞爵《しょうしゃく》したがエステアルジの記述では伯爵のままになっている

の夕食後はトリアノンへ行って七月三日までいるつもりだから、私にも昼食や夕食や日中を過ごしに来るようにとおっしゃり、いろいろお話ししたいことがあるし、ここのところなかなか会うことができないとおっしゃいました」。二人の間には恋愛めいた感情は一切なかったが、互いを思いやる友情は確かにあった。

＊＊＊

だが、ヴァランタンは第一に軍人だ。足しげく宮廷に伺候しつつ、指揮官としての任務もおろそかにしなかった。一七八〇年三月一日、彼は元帥代理に任命された。頑健な体力を誇るヴァランタンは、軍人としての義務を十全に果たしながら寵臣としての立場を忘れることなく、馬やベルリン馬車を駆ってヴェルサイユ、トリアノン、フォンテーヌブロー、コンピエーニュ、サン＝クルーに伺候した。こうした軍務と国王への忠実な働きぶりが買われ、一七八三年春には北東部ロクロワの守備司令官に任命された。そして国王は約束通り、聖霊勲章*の受勲者リストに彼を載せ、一七八四年一月一日に授与した。これもマリー・アントワネットが動いてくれたおかげだ。ポリニャックやコワニーたちとロンドンで過ごし帰国したヴァランタンは、宿泊していたサン＝

* 58頁参照

ジェルマンの宿駅で秘書官から受勲の報せを受けた。「私はヴェルサイユに到着するや、まず王妃のもとに駆けつけたが、ポリニャック夫人のところへいらしたとのことだったので、そちらへ向かった。私を目にした王妃は、使者に預けた手紙を受け取りましたかとお尋ねになった。私はいいえと答え、精一杯のお礼の言葉を述べた。翌日は国王に感謝の念を申し上げた」。寵愛はさらに続いた。王妃は彼のために宮殿の「国王の居室のすぐそば」に小さな住居を確保し、何年もこの特権を待ちわびる宮廷人たちを激怒させた。「居室は充分に暖められ、私はぐっすりと眠りました。この手紙はベッドから書いています」と彼はある友人に書き送っている。

一七八三年夏、ヴァランタンは母に会いにル・ヴィガンへ帰省した。母は先が長くないようだった。「〔彼女の呼び出しは〕私にとって至上命令同様だった」。このとき、ジネストゥ侯爵と結婚していた妹*はヴァランタンにこう宣言した。「今では、お兄様は相当の収入や地位や〔聖霊勲章の〕青綬を手にされ、宮廷でよい暮らしを送っています。ご自分に都合のよい選択をなさって、子どもを儲けてください。お母様が何よりも望んでいるのは、この世を去る前に孫の顔を見ることなのです」。ヴァランタンは、自分は結婚するには年を取り過ぎたと感じていた。何しろもう四三歳で、そのうち三〇年ほどは戦場や野営地で過ごし、一家の長になろうなどとは考えたこと

* 正式には結婚しなかったという説もある

もなかったのだ。いくら資産があろうとも老後のお兄様の面倒は見られません、子どもをお作りになってくださいとの妹の言葉に、ヴァランタンは動揺した。近くのパランティニャ城に住む友人のラスティックに打ち明けると、友人は諸手を挙げて賛成した。「ちょうどいい話があるのですよ！　私の親戚で、一人娘で、いい家の唯一の跡取りです。アルヴィル伯爵令嬢で、母君が私の妻の従姉妹[10]なのです」。彼は妻から紹介してもらおうと提案したが、ヴァランタンは、「利発だが陰謀好きで、夢見がちな夫からちやほやされている」女性の仲介は断った。彼にとって結婚は真剣問題であり、誰にでも任せられるわけではない。「私は母に、私にとって出自は重要な要素で、子どもたちを育てられるくらいの資産をお持ちの家のしかるべき相手を、パリに到着次第探しますと約束した」

　帰京する馬車の中で、ヴァランタンは考え続けた。結婚すれば確かに将来のためにもなり、日ごとに募る空虚感を埋めてくれるかもしれない。「野心が満たされて、目下のところ文句なしとはいえ、いい年をした独身男の生活は空虚で退屈だった」。ラスティックはヴァランタンが結婚相手を探しているとパリ中に噂を流したため、たくさんの縁談が舞い込んできて、宮廷もサロンもこの話題で持ちきりとなった。彼は噂から逃げるように、二五歳も年下のファニーことフランソワーズ・ダルヴィル*と結婚した。「この縁談は狂気の沙汰と言われ、人々は冗談かと思ったが、

* 前述のアルヴィル嬢

私の決意は変わらなかった」。一七八四年三月二三日、公証人ジャン・ドファン立ち会いのもと、ランス大司教がヴェルサイユへやってきて結婚式を挙げた。国王と王妃も立ち会い、トリアノンの取り巻きたちも万人に愛される仲間の結婚を祝いに駆けつけた。音楽を担当したのは、王室礼拝堂楽団長のルジャンドル。王妃は結婚祝いとして、一万二〇〇〇リーヴルの年金を夫妻に下賜した。

新婚夫婦はパリのマレ地区に居を定め[11]、年齢差にもかかわらず非常に仲睦まじかった。ヴァランタンは甥の一人であるベルシュニーの息子の面倒を見ていて、妻に自分も子どもがほしいとももらした。「愛するファニー、どうか近いうちに神がこんな子どもを授けてくださいますように。それで私たちがさらに幸せになると考えると、どんな虚栄や利益よりも一〇〇倍も子どもがほしくなる。そんな虚栄は、この世でもっとも愛される女性への私の愛情に比べれば、取るに足りないものだ」。夏には、「夕食のときに国王が私を隣にお呼びになり、そちにしばらく会っていなかったが子どもはできたかねとお尋ねになりました。私は寂し気に、いいえ、とお答えしました。奥方は妊娠しているのですかといろいろな方から聞かれたので、そのたびに私は同じように答えました」と妻に知らせている。

一八世紀の人々は、単刀直入ではすっぱな表現を好んだ。そうした表現は、虚飾を取り除いた現実を示して見せる。一七八五年秋、ヴァランタンは喜び勇んで王妃に「甕《かめ》も何度も水を汲んでいるうちに、ついには割れます！」と報告した。そう、ファニーは妊娠したのだ。こんな少しきわどい直截な表現は、彼と王妃との仲のよさを物語っている。彼は粛々と国王夫妻に仕え続け、八月二四日にはヴェルサイユから妻宛てにこんな手紙を書いている。「昨日はずいぶんと濡れてしまいました。けれども狩りから戻ると、ベッドを暖めさせて、その中にもぐり込み、すっかり乾きました。ご主人様〔国王〕は私を馬車で送り迎えしてくださいました。また夕食の席では横にお呼びになり、就寝時には手燭を私にお渡しになりました。今日は王妃にお会いする予定です」。九月、彼は宮廷と共にコンピエーニュに滞在した。「昼食時、王妃は私を横にお呼びになりました。あなたのことが話題になり、興味と優しさを示されて、あなたのこまごまとした様子や健康状態についてお伺いになり、フォンテーヌブローにぜひ来てほしいけれど、軽率な行動は禁物ねとおっしゃいました。私はあなたからの感謝の念を伝え、王妃のご厚意にあなたがどれほどふさわしいかをお話ししました」

一七八六年三月二六日、息子――ヴァランタン――が生まれ、父ヴァランタンの幸せは頂点に達した。国王からもお祝いの言葉が届いた。「マレ地区で小さな軽騎兵が生まれ、母君も赤ちゃんもお元気と聞き、大変うれしく思います。父君に心からのお祝いの言葉を贈ります。署名：ヴェルサイユの一住人より」。敬意と友情のこもった信頼が伝わってくるような言葉だ。国王からこうした厚意を寄せられていたのはヴァランタンとポリニャック夫人だけで、ルイ一六世はこの二人の王妃の友人にそっとささやかな愛情を示していた。

エステルアジ夫婦はさらに五人の子どもに恵まれた。六人のうち四人が成人し、* ヴァランタンは妻を幸せにし、子どもたちを立派に育て上げようと心を砕いた。彼は模範的な夫、優しい父であり、書簡からは家族へのあふれんばかりの愛情が伝わってくる。恋愛騒ぎに明け暮れた青春は終わりを告げ、二〇歳の若者のような誠実さで、愛するただ一人の女性――ファニー――に愛情をささげた。だが、父になった喜びをゆっくりとかみしめてもいられない。王妃からひっきりなしにお呼びがかかるからだ。マリーは取り巻きたちの生活に配慮しているように見せながら、その実自分の娯楽が何よりも大事なのだ。ヴァランタンは「ここで美しいものや新しいものを目にするたび、私のファニーがいないことを残念に思います。近いうちに、彼女と時間を過ごすことができ、彼女が恋しくなったりいないのを残念がったりせずに旅行できる日が来ることを願っています」と述べている。

ある日の午後、トリアノンでゲームの会が催され、ファニーが王妃に紹介された。王妃はヴァランタンに日頃見せる庇護者らしい親切な態度でファニーにも接した。若い妻は宮廷に困惑気味

* 子どもの数については諸説あり

で、王妃は彼女をオシュン夫人に託し、夫人はファニーの保護者となった。ヴァランタンも妻の助言者となり、細かなところにまで気を配った。「日曜日に宮廷に伺候するには、金曜日にヴェルサイユへ来なければなりません。あなたのギザルド（原文のまま）のドレスなら、散歩にぴったりでしょう。こちらで私があなた用に買った黄色い帽子には、白タフタの裏をお付けなさい。それから表に付いているリボンの代わりに、『ダナイスたち』[12]の地獄風のヒナゲシのリボンを付けるといいでしょう」

ヴァランタンは相変わらず王妃のもとに足しげく伺候し、トリアノンの常連の一人となっていた。彼は妻を愛していると堂々と宣言していたし、できる限り一緒に過ごしたいと強く望んでいたが、宮廷生活からはなるべく遠ざけておくことにした。王妃もそのことに気付かぬほどお人好しではないが、ヴァランタンが妻抜きで自分に会いにくることに自尊心がくすぐられなくもなかった。「愛しいファニー、国王の昼食中にこちらに到着しました。王妃は、奥方を連れてきましたかとお尋ねになり、私はいいえと答えました。王妃はそれはとても残念だとおっしゃり、なぜ連れてこなかったのかと理由をお聞きになりました。私は義母の具合が少し芳しくないのですとお答えしました。その数時間後、王妃はお母様の具合が悪いというのは本当ですの、何かの口実なのではとお尋ねになりました。私はいいえ、妻も王妃にお目にかかりに来る予定ですと答えました」。ヴァランタンにとって王妃との関係は結婚後も秘密の花園であり、妻は自分は必ずしもその花園に歓迎されているわけではないことを悟った。妻を通して王妃の取り巻きの一人に加わったジュール・ド・ポリニャックは、ファニーよりはこの集まりになじんだが、それでも寵愛を受ける妻の陰の存在であることをわきまえていた。ヴァランタンは王妃が周囲をコントロールしたがっていること、いくら結婚したからといって、さして興味もない妻を取り巻きに加える理由にはならないと考えていることを理解しており、「自由を愛してはいても、礼節や尊敬の鎖から逃れることはできない」と下手な言い訳をしている。彼は命令には絶対服従であることを知っており、王妃も気まぐれからそれに付け入ることもあった。「愛しいファニー、計画していたことはすっかり覆されました。王妃から、明日のサン＝クルーでの朝食、トリアノンでの昼食に来るようにと命じられました。あなたに口づけする楽しみは夜までお預けというわけです」。マリーは悪いことをしてしまったと思うのか、ほったらかしにされたファニーへの配慮を見せることもあった。「王妃は木曜日のフィガロでは、自分の桟敷席をお使いなさいとおっしゃっています。王妃はおいでになりません。王妃がいらっしゃらないので、上演が金曜日になる可能性もあるとのことです。そうなったら、金曜日に桟敷席で観劇することになります」。ヴァランタンは苦心しながら、夫としての務めと宮廷人としての義務の折り合いを何とかつけようとした。

マリーは、自分に仕える騎士が忠実であることを望んでいる。ヴァランタンの存在は彼女を安心させ、姿が見えないと残念な気持ちになる。ヴァランタン宛ての手紙には、「日曜日から二週間の予定でトリアノンに来ています。あなたがいないのが本当に残念でなりません。今の時期、庭は気持ちよく、雨が降って芝生も生き生きとしています。週末には、村里《アモー》に移ることができるでしょう」とある。一七八五年夏、リール近くで二か月にわたって行われた軍事演習から帰ったばかりの時も、王妃からサン＝クルーへの誘いが届いた。「王妃はすっかり整ったご自分の居室を案内してくださり、アルトワ伯爵と共に私をご自分の馬車に乗せ、パッシーのランバル夫人宅での夕食に連れて行ってくださいました。夕食はずいぶんと盛況でした。愛しいファニー、金曜日の昼食はあなたととろうと思っていたのに、王妃からテュイルリー宮殿での昼食に呼ばれました。昨日は切り出せなかった話があるそうです」。ヴァランタンは宮廷人らしい振舞いを身につけ、王妃の望みに沿うようにと努めた。ルイ一六世に対しても同様で、「ヴェルサイユに到着すると、国王は明日のランブイエ行きのリストにそちも載っているとおっしゃいました。それではとても都合が悪いのですが、行きたくもないのにリストに名前が載せられたのですとは言い出せませんでした。しかも、国王はこうした遠出をずいぶんと楽しみになさっているのです」と書いている。王族の誰もが彼を取り合って、王妹エリザベート王女までもが自分の主馬寮長にしたいと希望したが、ヴァランタンは断った。理由について、「宮廷で職を得てまで自由を犠牲にしたくはない」と説明している。

ヴァランタンは根気よく相談相手という立場を保持し、マリーは私生活の立ち入った話まで打ち明けることもあった。「王妃は五回目の時期*が近づいていて、今朝瀉血を受ける予定だとおっしゃいました。また妊娠したと思うともお話しになりました。ただし胎児が動いて、はっきりと確認できるまで待ってみるつもりであること、人に会いたくないので瀉血をすることは公にしなかったこともお話しになりました。そして、自分は数日間はトリアノンに行けないので、自分の代わりに行って、庭を見て報告するようにと命じられました」。確かに王妃は妊娠していた。「王妃は髪をお切りになり、出産までは白粉を付けないことになさいました。王妃にはずいぶんと白髪があるのに驚きました。私よりも多いくらいです」。マリーの寵愛は信頼と一対になっていた。彼女はまるで女友達か同性の相談相手を前にしているときのように、ヴァランタンにどんなことも打ち明け、下らないおしゃべりを楽しんだ。意見を求められることがあっても、ヴァランタンには積極的に王妃に助言をしないだけの分別があった。だからこそ、王妃の取り巻きの中でもごく特殊な存在だったのだ。奇妙なことに、一派を引き入れてあまりに王妃に寄りかかったポリニャック夫人への寵愛が薄くなるにつれ、ヴァランタンへの寵愛は増していった。

彼が軍務で遠方に行っている間も、王妃はファニー相手に彼の話をし、手紙を書いている。「ヴェルサイユで二日間、エステルアジ夫人にお会いしました。奥方は、あなたが心地よいロクロワ

---

* 月経予定日と考えられる

に二週間滞在していると教えてくださいました。大変結構なことです。奥方にお会いできて、とてもうれしく思いました。奥方とお話ししたところ、できる限りこちらの舞踏会にいらっしゃるとおっしゃってくださいました」。ヴァランタンへの寵愛に不満をほのめかす者たちに対して、王妃は庇護者の姿勢を貫いた。「先日の旅行では一日余計にお引き留めしてしまい、申し訳なく思っています。あなたがパリに寄ることができなかったのは、それが原因ではないでしょうか。少なくとも、私一人のせいであることは確かです。それにしても、シャトレご夫妻はあなたに会うことができず、とても残念な思いをしたことでしょう。あなたからご夫妻にしっかりご説明できるよう、あらかじめお知らせする次第です。あなたがまたとない友人であり、決して自分だけ言い逃れしようなどとなさらないことは知っています。さようなら、ムッシュー。私の親愛の情を決してお疑いにならないでくださいませ」。マリーは頻繁に手紙をやり取りすることで友情を育み、ほぼ毎日手紙を書いていた時期もある。手紙の内容は取るに足りないことばかりだが、彼女が他人の入る余地のない強い関係を希求し続けたことがわかる。ヴァランタン自身もこの往復書簡について言及しており、相当な量に達すると思われるが、残念なことに行方不明になってしまった。メルシーもマリア＝テレジアにこのやり取りについて報告しており、女帝は一七八〇年に他界するまで、決してこれを許そうとしなかった。

一七八七年、財務総監カロンヌが失脚すると、王妃は後任にトゥールーズ大司教ロメニー・ド・ブリエンヌを就けるよう国王に迫った。* この陰険な聖職者は着任するや、弟を陸軍大臣にと執拗にせがみ、弟は大臣になるや、陸軍高等評定院の設立を主張した。「ブリエンヌ一族を庇護していた王妃は、私にメンバーになるように言い、私は従った」。数か月後に辞任しようとしたが、マリーは聞かなかった。彼女は何としてもヴァランタンを宮廷に引き留めておきたかったのだ。だがブリエンヌの無能さを目にした王妃は、彼を総監に推したことを苦々しく後悔した。そこで本人を居室に呼び出したが、話し合いははかばかしくなかった。サロンに戻った王妃の顔を見れば、泣いたことは明らかだった。彼女はポリニャック夫人に、「この世に真の友人は二人しかいませんね。あなたとエステルアジ伯爵です」ともらした。状況は日ごとに悪化し、一七八八年八月二五日、ブリエンヌが辞任し、ネッケルが財務長官に任命され、ヴァランタンは「無能者の代わりに山師を就けるようなものだ」と落胆した。山師は国王に三部会を開き、第三身分代表の数を倍にするよう迫った。

＊＊＊

＊上巻106頁参照

ヴァランタンの連隊はヴァランシエンヌでの三部会代表選挙を監視することになったため、彼もヴェルサイユを出発した。一七八九年春から夏にかけて、フランス革命が生まれつつある音はヴァランシエンヌにまで響いてきた。七月初旬、出産を控えたファニーはパリへ戻りたいと強く希望し、七月一〇日、ヴァランタンは妻をヴァランシエンヌからペロンヌまで送った。ペロンヌでファニーの母と落ち合い、母子はパリへ戻った。騒擾を予感した彼は一二日にヴァランシエンヌに戻り、一三日にデヴォンシャー公爵夫人を迎えた。彼女は王妃の友人で、熱に浮かされたようなパリを出発するのがどれほど大変だったかを語った。「一四日は一日中、妻のことが心配でならなかった。彼女が母と二人きりでパリにいるのを想像して（中略）、彼女の身に危険が及ぶのではないかと気が気ではなかった。長年王妃や彼女の好意に与る者たちに対する反感が煽られ、大衆は手が付けられないほどになっていた」。七月一六日、バスティーユ牢獄陥落の報せが入った。

七月一八日、アルトワ伯爵と息子たちがヴァランシエンヌに到着し、ヴァランタンに迎えられた。彼らの旅は始まったばかりだ。「扉を開くや、アルトワ伯爵に抱きしめられた私がどれほど驚いたことか。伯爵は国王からの短信を渡してくださった。短信には、弟君にできる限り便宜を図り、ネーデルラントに無事に到着できるようにしてほしいと書かれてあった。やはり伯爵に預けられた王妃からの手紙には、それまでの出来事、今起こりつつあることが記されていた」。数時間後には、コンデ大公とその家族を迎えた。「大公たちの到着に続き、パリから数えきれぬほどの人々がやってきた」。翌日、彼は大公たちが旅を続けられるようこまごまと手配した。パリの動向は国中に広まり、ヴァランシエンヌの駐屯地でも市内でも蜂起が始まった。民衆を前にしたヴァランタンはフェルセンと同じ反応を見せ、強硬な態度に出た。秋には配下の者たちに三色帽章を付けさせることを拒否した。「国民帽章は隣接する駐屯地ではすでに着用されていたが、ヴァランシエンヌの駐屯部隊の白い帽章は変わらなかった。国王からの短信には、自分もこの帽章を付けているのだから、かかずらうことはないと書かれていた。それでも私は、駐屯兵たちにこれを着用させようと反乱分子たちが企てるあらゆる試みに反抗した。(中略)私の意思に反して、これを採用する計画があるのを知った。(中略)部隊は蜂起し、私にはもはや厳命を下す手段は一つも残されていなかった。(中略)私は国民議会に告発された」。数か月間、反対勢力に抗い、合流した家族たちをヴァランシエンヌから数リューのレームの森の端に建つファセール城に住まわせた。一七九〇年初頭、リールで指揮を執っていたリヴァロが自らの部隊に逮捕されたとの報せが入った。「彼はもう少しで虐殺されるところだったが、私のように民主主義者たちの憎悪の的ではなかった」。ヴァランタンは祖国への義務を放棄することを決意し、王妃に手紙を書いて苦境を訴え、指揮権を没収してほしいと伝えた。マリーにとっては、また一人友人が自分を見捨てることになる。だが、自分と家族の命を守りたいからといって、献身的に王族に仕えてきた彼を責めることなどできるだろうか。一族はヴァランシエンヌを発ち、滞りなくパリに到着してシャイヨの家に落ち着いた。彼はすぐにテュイルリー宮殿へと向かった。ヴェルサイユは空となり、宮廷はテュイルリー宮殿に移ってきていた。再会した二人は感無量だった。「王妃は涙に暮れて、私を抱擁してくださった。国王はその少し後からいらっしゃって、同じように抱擁してくださった。私が感じていた苦しみは、それまでの出来事を聞いて、さらに激しさを増した。私は息絶えたような心を抱えて帰途に就いた」

国王夫妻はヴァランタンの言うことなら耳を貸すことを知っていた革命家たちは、彼を味方に付けようとした。だが、ヴァランタンはラ・ファイエットの説得を、慇懃ながらも決然とはねつけた。さらに自分に付いている監視を巻きながら、その後数か月にわたって週に数回テュイルリー宮殿に通い、王妃と会見した。この時点ではまだ王妃も比較的自由に行動し、人と会うことができた。彼女は何回か、議会での討論について彼に意見を仰いでいる。国王一家は一七九〇年の復活祭と六月初旬の二度、サン＝クルー宮殿に滞在し、ヴァランタンも彼らと宮殿に滞在することを許された数少ない宮廷人の一人として、サン＝クルーに向かった。サン＝クルーでは、毎日のように馬を駆る国王に付き添った。狩りを禁止された国王は、馬をへとへとになるまで走らせて鬱憤を晴らしていた。夜は夜で毎晩のように、不安に苛まれる王妃の打ち明け話に耳を傾けた。「王妃は逃げねばならないとは思うけれど、国王の同意を得るのは絶望的だとおっしゃった」

一七九〇年七月一四日、シャン・ド・マルス広場で革命一周年を祝う連盟祭が開かれた。特別席には、国王と共にヴァランタンの姿も見えた。「このとき国王が思いきって馬に乗り、大衆に向かって行けば、全地方、軍代表たち、もしかすると国民軍の一部でさえ国王に合流しただろうと私は確信している。革命家たちがあれほど頼みにしていた連盟祭も、王政を復活させるきっかけになったかもしれない。だが何も起こらなかった」。それどころか、状況は不安定になる一方で、ヴァランタンは七月末には家族を国外に逃す決意をした。その頃デヴォンシャー公爵夫人が王妃に会いにやってきたので、彼は夫人に家族をイギリスへ連れて行ってほしいと頼み、夫人も了承した。八月末、王妃はヴァランタンにロンドンにいる家族と合流するよう言い聞かせた。一七九〇年のこの夏、王妃はミラボーに接近し、形だけでも彼を信頼するよう国王を説得したが、ヴァランタンにはこうした行動は理解できなかった。王妃は革命家たちをだますために、革命思想と真っ向から対立する取り巻きたちを遠ざけねばならず、ヴァランタンもその一人だったのだ。彼女はヴァランタンを納得させるため、ルーアンへの漠然とした逃亡計画を話した。抜け殻のようになった忠実な騎士ヴァランタンは、王妃の意思に従い、九月五日に船で旅立った。二人がその後会うことは二度となかった。

彼はロンドンで一〇か月過ごし、王妃と定期的に手紙を交わし、行動を起こすときは必ず知らせてほしいと懇願した。国王一家のヴァレンヌ逃亡失敗後の一七九一年七月には大陸に戻り、北部国境に向かった。エクス・ラ・シャペル*に身を落ち着けると、アルトワ伯爵からコブレンツ**に来るようにと連絡が入った。アルトワ伯爵は反革命派をまとめようと動いていたのだ。ヴァランタンはコブレンツで反革命運動を組織しようと必死に努力するカロンヌを横目に、状況の深刻さを理解もしないまま反目し合う高慢な貴族たちに落胆した。ヴァランタンは行動したいのだ。彼がスウェーデン国王に宛てた手紙には、「フランスの一騎士としての感情に駆り立てられております」と書かれている。彼の不在を悲しむ王妃は八月一一日付の手紙で、「一昨日、あなたの二四日付のお手紙がようやく届きました。どんなにうれしかったか、言うまでもないでしょう。友情に厚いあなたのことですから、よくおわかりになると思います。このひどい状況の中で可能な限り、元気にしております。この心は苦痛とあらゆる感情に苛まれています。苦しみを打ち明けられる友人は一人もおらず、それどころか彼らが遠くにいることに安心せねばなりません。ここにいても会うことも叶いませんし、ただ危険にさらされるだけです。（中略）。さようなら。優しいエステルアジ夫人とお子さま方を抱擁します。皆様に再会するときに、あなたをこれほど慕っている友人は世界に二人といないことを直接お伝えできれば何と幸せでしょう」。何か月も音信が途絶えていたが、九月一一日、一通の手紙が届いた。手紙と一緒に届いた小さな包みには、

* 現在のドイツのアーヘン
** 反革命派の貴族たちの集まる町

三輪の百合の花が描かれた指輪が二つ入っていて、裏には「彼らを見捨てる裏切り者よ」と刻まれていた。一つはヴァランタン、もう一つはフェルセン宛てだ。「うれしいことに、この小さな指輪を送る機会に恵まれました。きっと気に入っていただけると思います。(中略)紙に包まれた方はあの方のためのものです。私のためにつけていただきたいのです。あの方のサイズに合わせてあります。私はこれを包む前に二日間つけました。私からの指輪だとお伝えください。あの方がどこにいらっしゃるのかわかりません。何の報せもなく、愛する人々がどこにいらっしゃるのかさえわからないとは、恐ろしい責め苦です。(中略)私たちの行動は、ほかに選択肢がないからであることを信じてください。私についていろいろ言われておりますが、私のことをよくご存じのあなたたなら、私の気骨と決してくじけることのない勇気を信じてくださるものと期待しています」

九月中旬、アルトワ伯爵は静観を拒むヴァランタンをサンクトペテルブルクへ送り、ファニーはベルリンに腰を落ち着けた。ヴァランタンの使命は女帝エカチェリーナ二世に反革命資金を提供してもらい、フランス国王救出のための軍事介入をオーストリアやプロイセンに迫る際の後押しを依頼することだった。だが女帝はポーランド問題*にかかりきりで、フランス方面に関わる

＊一七七〇年代以降三回にわたって行われた、ロシア、プロイセン、オーストリアによるポーランド分割

気はなかった。彼女は資金提供を約束しつつ、後押しについては慇懃に断ったが、結局その資金も支払われることはなかった。ヴァランタンを前に女帝は「外国人部隊に助けを求めねばならないとは、何と不幸な国でしょう！」と嘆息した。ヨーロッパの君主たちのとった緊急策は待つことだった。それでもエカチェリーナ二世はヴァランタンの率直な一徹さを評価した。忠実な僕《しもべ》としての素質を一目で見抜き、ヨーロッパ政界の情報提供者としてそばに置いて、「フランスの騎士」がロシアになじむようにとルカ*の土地を与えた。

その年の終わり、ヴァランタンのもとに再びマリーからの手紙が届いた。手紙には、自分たちはつねに拘束状態にあり自由がないこと、ルイ一六世が憲法を承認せざるをえなかったこと、亡命者たちにフランスへの帰国を促すよう強制されたことが記されていた。王妃は亡命した王族たちの行動が混乱を引き起こし、フランスに恐慌をもたらしており、そうした行動は危険だと説明した。ヴァランタンの返信は王妃には届かず、結局これを最後に連絡は途絶えた。往々にして、忠実とは束縛である。**ヴァランタンはフランス王家の敗北を悟った。遥か彼方の地に住み不幸を目にした心には、徐々にフランスとの距離が生じていた。彼はもはやフランス問題に専心するのみならず、ヨーロッパ地政学の分野へと分け入っていくことになる。

* 現在のウクライナの町
** 二〇世紀の劇作家サシャ・ギトリの言葉

ヴァランタンは数か月かけて、各国の宰相たちの間を渡り歩いた。フランス王室問題はつねに議題に上るが、何の具体的成果もなく、誰もが優柔不断な態度だった。わずかながらもフランス王政を救済する動きもあったが、それも神聖ローマ皇帝崩御とスウェーデン国王暗殺によって頓挫し、振り出しに戻った。一七九三年一月初旬、ファニーがベルリンからサンクトペテルブルクに移ってきた。再会を喜んだのも束の間、ルイ一六世処刑の報せが入った。その数か月後にはマリー・アントワネットが処刑され、希望は潰《つい》え、人々はさらに戦慄した。五〇歳も過ぎたヴァランタンは、人生におけるフランスの章に終止符を打ち、ロシア帝室に仕える決意を固めた。皇帝《ツァーリ》パーヴェル一世——エカチェリーナ二世の息子——は彼にヴォルィーニ*のグロデク城を与えた。この城でヴァランタンが息を引き取ったのは一八〇五年のことだった。

* 現在のウクライナの町

エピローグ

我々は生者には配慮をもって接しなければならない一方、死者には真実を負っている。数えきれぬほど繰り返し語られてきた伝説――中には正史や映画で好んで言及される伝説もある――に決着をつけるのもそうした作業の一つだ。

マリー・アントワネットはフランス史を象徴する王妃であり、人々の記憶の中に強く刻まれている。彼女の放つオーラは強烈で、クロティルダ、[*] アリエノール・ダキテーヌ、[**] ブランシュ・ド・カスティーユ、[***] アンヌ・ド・ブルターニュ、[****] カトリーヌ・ド・メディシス、[*****] ジョゼフィー

* 六世紀、フランク王クロヴィス一世妃

** 一二世紀、ルイ七世妃、獅子心王の母

*** 一二世紀、ルイ八世妃、聖ルイの母

**** 一五世紀、シャルル八世およびルイ一二世妃

***** 一六世紀、アンリ二世妃

ヌ皇后たちもマリー・アントワネットの前では精彩を欠く。フランス国王の寵姫――アニエス・ソレル、[*]ディアーヌ・ド・ポワティエ、[**]モンテスパン夫人、[***]ポンパドゥール夫人[****]――さえも、[*****]マリー・アントワネットと並ぶと影が薄くなってしまう。一五世紀続いたフランス王政を代表する王妃を挙げるなら、マリー・アントワネットだろう。激動期を象徴する人物の例にもれず、彼女も現代に至ってもなお、王妃そして女性として憎悪や崇拝の幻想の対象とされている。いや、生前からそうだったのではないか。さらに、こうした幻想を払拭するために史実を書き改めた王政復古期の様々な文書については、どう考えるべきだろう。記憶とは往々にして感情に左右される。当時から現在まで状況はさほど変わっていないようで、今でも彼女を巡ってあらゆる極端な感情が渦巻いている。近年で言えば、ソフィア・コッポラ監督の映画はその一例だ――ただしそのマリー・アントワネット像は、率直に言って目も当てられないが――。王妃の悲劇的宿命は没落そのものであり、こうした幻想を一層強めている。

* 一八－一九世紀、ナポレオン一世妃
** 一五世紀、シャルル七世の愛人
*** 一六世紀、アンリ二世の愛人
**** 一七世紀、ルイ一四世の愛人
***** 一八世紀、ルイ一五世の愛人

彼女の私生活や恋愛面に関しても、賛否両論が尽きない。二五〇年前においてさえ、すでに同時代人は王妃の心の動きを探ろうとしていた。宮廷は彼女の一挙手一投足を詮索し、見張り、分析し、細かく観察していた。マリー・アントワネットの感情への好奇心は何も今に始まったことではなく、当時から人々は興味津々で、王妃が恋の快楽に耽っているのかどうか知りたがった。一方には、彼女の内に過ぎ去りし時代の高徳な王妃像を見る人々がいる。こうした歪んだ像は、後世のキリスト教的視点から王妃を理想化・聖女化し、霊的かつ崇高な運命をたどった殉教者の存在にまで高めている。もう一方には、彼女を良心のかけらさえ持ち合わせていないメッサリナ*と見なし続ける人々がいる。彼らの視点によれば、王妃は不当にも民を治める地位に就き、その特権を悪用した挙句、悪行の当然の対価として不幸に見舞われた。現代でもこうした視点の対立は続いているが、いずれの記憶も病的で、治療が必要だ。

徳は中庸にありという古代ローマのことわざの通り、おそらく真実はこの二つの中間にあるのだろう。慎重に細かな点に目を向ければ事実には近づける。だが公人であっても、一人の女性の人生とは――好意的なあるいは悪意ある同時代人の執拗な詮索にもかかわらず――、つねに一抹

---

* 一世紀、ローマ皇帝クラウディウス妃。好色な悪女として名高く、フランス革命中マリー・アントワネットはたびたびメッサリナにたとえられている

の謎を残していることを忘れてはならない。人間とは研究の対象であり、それは一つの財産である。思い込みの激しい科学者は別として、人知は決してその謎を解明しえない。『マリア＝テレジアとメルシー伯爵の秘密書簡集』の序文でアルフレッド・フォン・アーネスとオーギュスト・ジェフロワが書いているように、「これほどの罠と危険を潜り抜けてきた歴史的人物、王妃、女性にとって、後世の前でその毎日の生活におびただしい光が当てられ、身体や心に関して我々からあれこれ言われるとは何と苦痛なことだろう」

マリー・アントワネットの放つ女性像が特異であることに疑いの余地はない。彼女は女性でありたい、女性として振舞いたいと熱望したが、当時の人々は、王妃たる者そうした望みを抱くなど非常識かつ不作法と断じ、ごうごうたる非難を浴びせた。だが何も教えられず、ヨーロッパの広大な地政学に無防備なまま放り出された一四歳の少女は、果たして女性であることの何たるかを理解していたのだろうか。彼女は勘だけを頼りに道を切り開いていかねばならなかった。彼女からは誘惑、力、矛盾、臆病さなど、愛らしくそして鼻もちならない女性を形作るすべてのものが次々に現れる。女性嫌いの恋愛の達人サシャ・ギトリは、「私は女性に逆らい《コントル》、寄り添う《トゥ・コントル》」という言葉でこうした矛盾を言い表している。マリー・アントワネットの同時代人たちは、王妃を破滅的に崇拝することでこうした矛盾を表現したのかもしれない。

マリー・アントワネットは一つの人格を持ち、一つの人生を歩んだ女性だった。忘却とは、忘れられたものを作り上げることである。彼女は性格的には自尊心が高く移り気で、その人生に目を向ければ、幼いながらに母国の政治の犠牲となって、複雑で傷ついた心を抱える男性の妻にさせられた。王妃のお気に入りたちについて考えるとき、こうした要素をつねに念頭に置いておく必要がある。

彼女は友情を過度に崇拝していたが、ランバル公妃、ゲメネ公妃、ポリニャック夫人などの女友達だけでは満足できなかった。男性たちは彼女の人生において一定の場所を占めており、程度や時期の違いはあれ、彼らの担った寵臣としての役割は決して空虚ではなかった。本書に登場する人物たちを見てもこの点は明らかだ。多くの人にとって、フェルセンは寵臣の役割を非常にはっきりとした形で果たした人物だが、お気に入りは彼一人だったわけではない。私たちはそうしたお気に入りたちを、その友人や敵対者の回想録、政治家たちの報告書、宮廷人たちの書簡を通して知ることができる。一人一人の性格は全く違うが、彼らは共通して華のある人物で、アンシャン・レジーム末期の洗練された社会を映し出していた。美を追求し、知的で、音楽に精通し、文学や美術を楽しむ教養人で、マリー・アントワネットが逃避した閉じられた世界を美しく彩っていた。エレガントで端麗で社交界に通じ、娯楽の追求に明け暮れる世界に生きる熱心な趣味人たち。軽はずみな性格のマリー・アントワネットは、見目のよさにひかれる傾向があって、こうした名うての誘惑者たちをひいきしたが、彼らを前にしてもうぬぼれに流されず、開花した自らの美しさの威力をあえて試さない方がよほど難しかったに違いない。

だが小説《ロマン》好きの彼女は、愛よりも現実離れしたもの《ロマネスク》を愛した。誘惑者よりも誘惑を愛した。テユイルリー宮殿に幽閉されていた彼女が外部との通信の暗号化に際して、『ポールとヴィルジニー』*を用いたことは注目に値する。彼女はつねに夢見がちな面を持ち続け、極度に理想化された人間関係を求めた。だがこうした要素は、真の出会いの現実を受け入れる助けにはなってくれない。王党派の作家リヴァロルは新聞記者のような観察眼で、「王妃は自分が現実の玉座の上で生き、そして死ぬ運命にあったことを忘れていた」と論破している。

女性としての人生でも男性たちとの関係においても、マリー・アントワネットは理想化された関係を夢見、求め、想像し、渇望した。小説を読むことで培われた理想は、現実の恋愛関係を受け入れる妨げとなり、その傾向は強まる一方だった。フェルセンはそうした期待にもっとも沿った人物だったが、それでも王妃が満たされることはなかった。彼女が心理的に成長しきっていなかったことは明らかで、成長の欠如は、母になりたいという長年の満たされない望みや子ども好

* ベルナルダン・ド・サン＝ピエールによる田園恋愛小説

きな性格、子どもの世界への逃避と混じり合った。最終的には母になったが、成熟の時期はあまりにも遅くやってきた。彼女の人生は母となることにより転換期を迎えたが、歴史のうねりに次々と見舞われた。しかし激動が成長を促し、成長を遂げた彼女は、尊敬に値する魂の力強さをもって逆境に立ち向かったのである。

マリー・アントワネットと彼女のお気に入りたちの物語は、アンシャン・レジームの歩みとつながっている。アンシャン・レジームは我が子をむさぼり食うクロノス*のごとく自らを食い尽くし、知らぬ間に王政とそこに生きる最後の人々を滅ぼす凶器を研いでいた。だがもっとも責められるべきは、こうした動きに加担した者たちではない。彼らはラシーヌの『ラ・テバイード』に登場するアンティゴネのセリフを体現している。「追従者同様、王たちも犠牲者なのです。（中略）けれども王たちは、追従者たちを巻き込みながら没落するのです」。こうしたすべての者たちにとって、死は栄光を追い求めた末の安らぎの地だったのである。

* ギリシャ神話に出てくるクロノスは、子どもの裏切りを恐れて生まれてくる我が子たちを呑み込んでいた

訳者あとがき

本書は『*Les Favoris de la Reine*』の邦訳であり、フランス王妃マリー・アントワネットのお気に入りといわれた五人の男性の軌跡を追った著作です。原題の favoris（お気に入り）は女性名詞 favorites ではなく主に男性を指すので、一瞬ドキリとしますが、王妃の隠れた愛人を暴露するような本ではありません。

王妃のお気に入りといえば、まずポリニャック夫人を思い浮かべる方は多いでしょうし、ランバル公妃や王妃の肖像画を残したヴィジェ＝ルブラン夫人を挙げる方もいるでしょう。フェルセン伯爵を除き、とかく女性ばかりが取り上げられる彼女の交流関係ですが、本書ではあえて男性に的を絞り、異性の「お気に入り」とどのような関係を築いていたかを取り上げています。

フェルセン伯爵はもちろんのこと、ローザン公爵、ブザンヴァル男爵など、彼女の伝記などで聞き覚えのある名前もあるかもしれませんが、それぞれがどういう人物だったかはあまり知られていません。

ローザン公爵は「美貌のローザン」とも謳われた美男で、名門貴族の出身。軍人としてもプレイボーイとしても大いに名をはせ、茶目っ気のある王妃の共犯者的存在となりますが、ふとしたことがきっかけで一瞬で寵愛を失ってしまいます。ブザンヴァル男爵はスイス出身の年配男性で、一見朴訥ながらその実とても計算高い人物。けれども人好きのする性格で、ある意味本書の中では珍しく幸せな人生を送った人物でもあります。ヴォードルイユ伯爵はかのポリニャック夫人の愛人で、要領のいい人間の典型。王妃の親友の愛人という地位と天賦の機知で、宮廷を牛耳ろうとしました。フェルセン伯爵については説明の必要はないかもしれませんが、本書では従来の彼の自己献身的な男性像に疑問を投じています。最後に登場するエステルアジ伯爵はもともとハンガリー貴族の出身ですが、貧しい幼少期を過ごし、苦労を重ねながら王妃のお気に入りの地位を手に入れました。本書の中では一番の栄達を遂げた人物でもあり、おそらく性格的にももっとも穏やかな性格でしょう。

口から生まれたような人物、傲慢な自信家、無類の女好き、愛妻家、怠惰、勇敢な軍人など、いずれも強烈な個性を備えた人物であり、一言で「宮廷人」とくくるには、出自も性格も歩んだ道も、そしてマリー・アントワネットとの関係も多様です。

これが本書の魅力の一つで、一八世紀フランス宮廷について、王族を扱った書籍は多数あるのですが、宮廷人に焦点を当てたものは訳者の知る限り多くはありません。もちろんここで取り上げる五人はほんの一部ですが、どのような環境に生まれ、育てられたのか、家族との関係、何を望み、どんな絶望を味わったのか、そしてどのような点が王妃に気に入られたのかなど、一八世紀フランス宮廷に生きた人々の生活、思考回路、行動様式、道徳観念の一端をのぞかせてくれます。

と同時に、彼らの視点から見たマリー・アントワネット像も浮かび上がってきます。意外に忘れられがちなのですが、王妃は何も宮廷人から一方的に崇められていたわけではなく、彼らと共存したり張り合ったり、取り立てたり反抗されたりと双方向の関係にありました。誰とどのような関係を築いていたか、という斬新な視点から王妃を考察しつつ、実は宮廷人たちの実態の一面が浮き彫りになっている、というのがこの本の面白さです。

固有名詞の表記について記しておきます。本書は「ド」がつく名字の人物が数多く登場しますが、邦訳では「ド・ポリニャック」ではなく「ポリニャック」のように、「ド」を省いてあります。ただし、バスティーユ牢獄司令官ド・ローネーと思想家のダランベールのみ、残してあります。

最後になりましたが、この本を手に取り読んでくださった皆様、そして心強く頼りになる編集者の大西奈己さんに心からのお礼を申し上げ、結びとしたいと思います。

二〇二〇年秋

ダコスタ吉村花子

マリー・アントワネットと5人《にん》の男《おとこ》
下《げ》
宮廷《きゅうてい》の裏側《うらがわ》の権力闘争《けんりょくとうそう》と王妃《おうひ》のお気《き》に入《い》りたち

●

2020年10月25日　第1刷

著者……………エマニュエル・ド・ヴァリクール
訳者……………ダコスタ吉村花子《よしむらはなこ》
装幀……………村松道代
発行者……………成瀬雅人
発行所……………株式会社原書房
〒160-0022 東京都新宿区新宿1-25-13
電話・代表　03(3354)0685
http://www.harashobo.co.jp/
振替・00150-6-151594
印刷……………シナノ印刷株式会社
製本……………東京美術紙工協業組合

ISBN 978-4-562-05797-9, printed in Japan

◆著者
エマニュエル・ド・ヴァリクール（Emmanuel de Valicourt）
1965年生まれ。パリ・カトリック大学講師。革命前のフランス社会を専門とする。ルイ16世の大臣シャルル＝アレクサンドル・ド・カロンヌの伝記 *Calonne : La dernière chance de la monarchie* を著わし、高く評価された。

◆訳者
ダコスタ吉村花子（よしむら・はなこ）
翻訳家。明治学院大学文学部フランス文学科卒業。リモージュ大学歴史学DEA修了。18世紀フランス、アンシャン・レジームを専門とする。主な訳書にジャック・ルヴロン『ヴェルサイユ宮殿 影の主役たち：世界一華麗な王宮を支えた人々』、アラン・ド・ボトン、ジョン・アームストロング『美術は魂に語りかける』、エブリン・ファー『マリー・アントワネットの暗号：解読されたフェルセン伯爵との往復書簡』、ピエール＝イヴ・ボルペール『マリー・アントワネットは何を食べていたのか：ヴェルサイユの食卓と生活』などがある。

◆カバー画像
《ハープを弾くマリー・アントワネット》、ゴーティエ・ダゴティ、1776年、ヴェルサイユ宮殿美術館、Art Heritage / Alamy Stock Photo

原注

マリー・アントワネットと「王妃の集まり」

1 本書で引用した文章の原典については、xii 頁以降の「参考文献」を参照のこと。

2 ルイ 14 世宮廷の回想録者サン＝シモンの記述は、18 世紀末にも当てはまる。「もっとも高位の人々が普段から宮廷に住まないとか、ほかの人々が稀にしか宮廷に来ないなどというのは非難されて当然の過ちであり、決してあるいはほぼ来ない者は確実に不興を買う」

3 レイスウェイク条約の締結により、アウグスブルク同盟戦争に終止符が打たれた。これに伴い 1697 年 12 月 7 日、マリー＝アデライード・ド・サヴォワとルイ 14 世の孫ブルゴーニュ公の結婚が成立した。マリー＝アデライードは老王ルイ 14 世の気に入り、マントノン夫人の厳格な信仰と軍事的敗北で暗くなっていた治世末期の宮廷に明るさと豪奢さを取り戻させた。

4 大カトー（紀元前 234 – 149 年）は古代ローマの政治家で、ローマの伝統を擁護する保守派として知られている。

5 メルシーはマリア＝テレジアの指示を受けて、マリー・アントワネットを監視し、彼女の周りに万全の情報網を敷いたと自負していた。「私は皇女殿下に仕える三人の者たちを取り込みました。一人は侍女、もう二人は寝室付き召使で、内部での出来事を正確に報告します。私のもとには毎日、皇女殿下とヴェルモン神父――殿下は神父にいかなる隠し事もされません――の会話の報告が来ます。デュルフォール侯爵夫人からは、王女方〔ルイ 15 世の王女たち。結婚したばかりのマリー・アントワネットは、彼女たちの居室に頻繁に出入りしていた〕のところで交わされる会話が一言一句伝えられてきます。また王太子妃殿下が国王陛下の居室にいらっしゃるときには、さらなる密偵がおり、事細かに様子を知ることができます」

6 シュターレンベルク大公はマリア＝テレジアに宛てて以下のように書いている。「簡単にご説明しますと、王太子の物腰はあまりに不器用で風変わりでございます。立っていても座っていてもそうで、歩き方も不格好です。夜会服着用の舞踏会でメヌエットを踊られましたが、1 時としてリズムが合うことはなく、目も当てられないほどでした。絶対に誰にも声をおかけになりませんし、せいぜい質問なさったとしても、答えを聞く前に立ち去ってしまう始末です」

7 フランス語で性的不能者を意味する「バビラン」の語は、イタリア人バビラーノ・パッラヴィチーノ（1636 – 86 年）から来ている。彼は性的に不能だったため、妻が別居を求めて訴訟を起こし、大変な話題になった。

8 19 世紀の歴史家ゴンクール兄弟は、モールパの再登用は若き国王夫妻の私生活に災いを招いたと主張している。「モールパは、国王を王妃の愛情から引き離す策をとった。それは若き国王に、こまごまとした秘密、隠し事をさせることだったが、こうした用心深さと慎重さの術策が女性の目に留まらぬはずはなく、王妃は一目で見抜いた。（中略）若き国王は意志の弱さ、意欲の低さ、老モールパの影響による自信の欠如や年齢の低さへの劣等感から、王妃を喜ば

せることができなかった」

9 ローザン公爵の章（上巻133頁）参照。

10 世情が緊迫化してくると、コワニーのそれまでの優れた性格の限界が露呈した。国王は財政緊縮を目的として主馬寮長の官職を廃止したが、ブザンヴァルの記録によれば、「コワニー公爵は国王のところへ行き、激しい憤りを見せた。国王も立腹し、非常に激しいやり取りがなされた。（中略）王妃は公爵が激怒したこと、国王が示した好意のこもった態度に応えなかったことを不満に思い、私に話された。私は『マダム、好意のこもった言葉だけで満足するには、公爵はあまりに多くのものを失われるのですよ』と答えた」

11 パンティエーヴル公爵はルイ14世と愛人モンテスパン夫人の孫。

12 母からの催促にもかかわらず、アントワネットは信仰の実践には熱心ではなかった。彼女は王太子と共に毎日礼拝していたが、劇的な内的変化を遂げたわけでもなく、礼拝の典礼文に隠した『アベラールとエロイーズの往復書簡』を読み、リッコボーニ夫人の小説『エルネスティーヌ』をひそかに時禱書の中に製本させていた。

13 1775年の新聞にはこう書かれている。「4月18日火曜日、アルトワ伯爵は民衆感化のために、盛大に復活祭の聖体を拝領した。伯爵は王族の中で一人だけ聖体を拝領しなかったことは知られており、一部の人はこれを罪深い執着ゆえだと考えた。彼はしばしばお忍びでパリへ行き、宮廷人たちの好奇心を煽っている」

14 18 − 19世紀の地理学者、歴史家ジロー＝スラヴィは不名誉な噂話を寄せ集めた疑わしい回想録をいくつか残しており、その一つ『成婚から没するまでのルイ16世の治世の歴史的・政治的回想録』（1801年）には、「歴史においては何人もの女帝が不品行のかどで糾弾されたが、王妃もこうした不品行のために公然と批判された」と書いている。

15 首飾り事件はラ・モット夫人首謀の詐欺事件で、何とか王妃に気に入られたいロアン枢機卿に、王妃名義で首飾りを購入させた。事件は大変な醜聞となり、王妃は浪費家で男狂いだとの世間のイメージを決定的にした。

16 大正餐では国王は王族に囲まれて公衆の面前で食事をし、小正餐では一人ないしは王妃同席のもと、食事をとっていた。

17 18世紀後半の社交界で、素人芝居は大変な流行となった。都市部の邸宅や地方の城館では例外なくにわか劇団が舞台に立ち、フランス貴族社会全体が芝居の上演に夢中になった。そのため、陸軍大臣は士官が連隊で喜劇や悲劇にうつつを抜かさぬよう、罰則規定を設けねばならぬほどだった。

18 この集まりは、義妹エリザベート王女と義弟アルトワ伯爵を除いて、王妃の一握りのお気に入りで構成されていた。ポリニャック公爵夫人の義妹ディアーヌ・ド・ポリニャック伯爵夫人、ポリニャック公爵、ギーシュ公爵夫妻、ヴォードルイユ伯爵、アデマール伯爵、エステルアジ伯爵、ブザンヴァル男爵で、これにリーニュ大公が加わることもあった。

19 1768年5月27日にフランス座で初演された演目。

20 1762年11月22日にイタリア座で初演された演目。

21 プティ・トリアノンは幅奥行きともわずか12トワーズ〔24メートル弱〕。

22 キャラマン伯爵の邸宅はパリのグルネル通り

にあった（現在のパリ７区にある化学会館〔メゾン・ド・シミ〕）。1774年7月22日、国王夫妻は伯爵の庭園を訪問すると発表した。「この訪問は光栄ではあるが、私は大変困惑した。極度に乾燥しており、芝生は焼け、マロニエや菩提樹の葉は黄ばんで、まるで今夏私が家におらず、庭園がほっぽらかしにされたかのような有様だった。私は21日の夕刻に出発し、芝生を刈らせ、ローラーをかけ、水やりをさせ、枯葉を取り除かせた。花屋に鉢植えの花を買いに行かせ、隣人に借りた植物を生い茂る灌木に飾って、花が咲いているように見せた。こうして、ライラックの灌木からニオイアラセイトウが、バイカウツギの茂みからタチアオイが見えていた。（中略）22日朝、雷雨となり、王妃が到着されるわずか1時間前にやんだ。実際のところこの雨のおかげもあり、12時間にして芝生は青々とした色を取り戻した」

ローザン公爵

1　ローザン公爵の家名ゴントー＝ビロンは、1147年に結婚したガストン・ド・ゴントーとマドレーヌ・ド・ビロンから来ている。

2　現在のロダン美術館。

3　1779年、うぬぼれの強いことで知られるイギリス海軍提督ロドニーはパリを訪れたが、借金のせいで逗留を余儀なくされていた。ビロン元帥宅の会食に招待された提督は、食事中に横柄な態度でフランス海軍の勝利について語り、自分が自由の身であればこれを打ち負かせるだろうと述べた。ビロン元帥は即座に、貴君の借金を払いましょうと申し出て、「ムッシュー、約束を果たしに出発なさい。フランス人は障壁を利用して、貴公が目的を果たすのを妨げることなど望んでおりませぬ」と述べた。

4　アンジェリーク・ド・ヌフヴィル・ド・ヴィルロワ（1707 － 87年）はヴィルロワ公爵とマルグリット・ド・ルーヴォワの娘で、ブフレール公爵と結婚した。1747年に夫に先立たれたが、1750年にモンモランシー＝リュクサンブール公爵と再婚した。

5　ローザンは次のように述べている。「ボーヴォー嬢はあらゆる点において、ブフレール嬢よりも私に合っていた。私は勇気を出して父にそう告げたが、父は耳を貸さず、もう約束したのだから、これを果たすつもりだと言った。だが私は意に反する結婚などすまいと心に決めた」

6　スタンヴィル夫人の不品行は世間に知れ渡り、ついにはナンシーの修道院に追放された。追放処分を仕組んだのはショワズールだと噂され、宮廷は義妹を厄介払いしたショワズールに憤慨した。

7　ザムール（1762 － 1820年）はベンガル地方出身で、デュ・バリー夫人の小姓を務め、夫人からずいぶん可愛がられた。のちに革命思想に染まり、かつての女主人を糾弾して、革命裁判では検察側証人として出廷した。1793年12月8日、デュ・バリー夫人はかつての小姓の見ている前で、ギロチン刑に処された。

8　イザベラ・チャルトリスカは1743年生まれ。実家のフレミング家はザクセンでも有数の名門の一つ。若くして、一回り年上の親戚チャルトリスキ大公アダムと結婚し、情事と政治が渦巻くポーランドの混乱に投げこまれた。

9　チュニスの総督はルイ15世に素晴らしいアラブ種を贈ったが、国王は輓馬として転売した。幸いなことに、馬はイギリス人飼育家に

見出されてガンドルフ卿に売られ、アングロアラブ種の始祖の3頭のうちの1頭となった。

10 ヴィクトワール・ド・ロアン（1743 － 1807年）はスービーズ大公シャルル・ド・ロアンとアンヌ＝テレーズ・ド・サヴォワ＝カリニャンの娘で、ランバル公妃の従姉妹だった。1761年に親戚であるゲメネ大公アンリ・ド・ロアンと結婚。夫は国王付き侍従頭であり、彼女自身も1778年にルイ16世夫妻の子女の養育係に任命された。

11 シュニール〔「毛虫」の意〕とは、飾り気のないごく簡素な部屋着。蝶〔パピヨン〕と呼ばれる外出着や宮廷服とは対照的。

12 「王妃は私に全幅の信頼を置かれ、私がヴェルサイユを離れることをほとんどお許しにならなかった。私は慎重に振舞い、人目を引きそうな寵愛を受けるときも、つねに細心の注意を払っていた。しかし光栄にも王妃は私への好意や信頼を堂々とお示しになった。宮廷では公然と、私は王妃の恋人であるとか、間もなく恋人になるはずだとか噂されていた」

13 彼はヴォワイエ侯爵宛ての1778年6月18日付の手紙にこう記している。「私は陰謀に興味もなければ、策謀に長けているわけでもなく、宮廷に飽き飽きし、成功も叶わないでしょう。ご存じのように、私はしばしば形式的作法を嫌います。私の敵の利点と言えば、そうした作法に通じていることです。私は形式的作法が重視されない場で生きていくことにしましょう」

14 ルイーズ＝マルト・ド・コンフラン・ダルマンティエールは、1775年にコワニー公爵の一人息子と結婚した才色兼備の女性だった。

15 3部会開会に際し、オルレアン公爵は「私は王族の地位ではなく、議員の地位を選ぶ」と大言壮語した。

ブザンヴァル男爵

1 1777年8月にフランスとスイスの条約が調印されたのもゾロトゥルンで、条約により、スイスからフランスへ6000名の追加部隊が派遣された。

2 エリザベート＝カトリーヌ・ド・ブザンヴァル（1718 － 77年）は1733年9月12日にブロイ〔ブログリとも〕侯爵シャルル・ギヨームと結婚した。

3 セラドンとは青磁を意味する。ブザンヴァルは中国や極東から運ばれてくるこの青白い磁器が大のお気に入りで、熱に浮かされたように蒐集し、金箔を張ったブロンズ製の豪華な装飾を取り付けさせた。現在、彼のコレクションは、各地の主要な美術館に収蔵されている。

4 クレロン嬢ことクレール・レリス（1723 － 1803年）はコメディ・フランセーズの準座員で、当代最高の女優の一人と目されていた。

5 ローザン公爵の章（上巻115頁）参照。

6 フラゴナールに『ラ・ジャンブレット』を注文したのはブザンヴァル男爵で、フラゴナールの数多くの艶やかな作品の中でももっともエロティックな絵画の一つである。ブザンヴァル男爵の絵画室に関しては、1791年、彼の死の数か月前にダンルーが描いた肖像画が貴重な情報を提供してくれる。肖像画では男爵が暖炉に肘をついて、絵画や希少な美術品に囲まれて物思いに耽っている。蒐集室にいる18世紀フランスのコレクターを描いた作品としては唯一の絵。

7 古代、エーゲ海に位置するキュテラ島には愛の女神アフロディテにささげられた有名な神

殿があった。ここの海水はアフロディテの生みの親とされ、愛の悦楽を象徴していた。

8 マリー・アントワネットの髪結い師レオナールは、ルイ16世の王太子時代のエピソードを記している。「若きアルトワ伯爵は自らに備わっている美点しか認めなかったが、そもそもわずかな美点しか持ち合わせていなかった。あるとき彼は、兄が非常に苦心しながらダンスの授業を受けていることを知った。いたずら好きで、ゆくゆくは国王になる兄への敬意を持たぬ伯爵は、非礼にも王太子に向かって口笛を吹いた。王太子は弟を見て、その無遠慮な揶揄にいつか報いてやると誓った」

9 当時「コレスポンダンス」と呼ばれた遊び。

10 ヴォードルイユ伯爵の章（下巻29頁）参照。

11 マリー・アントワネットと「王妃の集まり」の章（上巻52頁）参照。

12 ガヴァヌーア・モリスはアメリカの政治家で、ワシントンやラ・ファイエットの友人、ニューヨーク州代表上院議員。1789年2月3日から94年8月まで、外交官としてフランスに滞在した。彼の回想録は、フランス革命に関する詳細な情報の宝庫である。

ヴォードルイユ伯爵

1 フィリップの息子の中でもっとも名の知られているのがピエール（1698－1778年）で、兄弟同様海軍士官となり、その後トロワ＝リヴィエール、次いでルイジアナ、そしてヌーヴェル・フランス（1755－60年）の総督に任命された。これはカナダ生まれの人物としては初めての事例だった。のちに北アメリカの領土を失ったフランスは、その責任をピエールに押し付けた。ピエールは帰国を余儀なくされ、屈辱的な裁判を受けたが、無罪放免を勝ち取った。ヌーヴェル・フランス最後の総督である。

2 評論家ベネデッタ・クラヴェリは、「エリザベート・ヴィジェ＝ルブランは画家として自らを厳しく律し、確固たる良識に従って長い画家生活を送った。ヴォードルイユは、そんな彼女が愛することを自らに許した唯一の男性と思われる」と述べている。

3 ルカンことアンリ＝ルイ・カイン（1729－78年）は悲劇役者。ヴォルテールの戯曲の役者として大きな支持を得ていた。

4 娘は1788年にノワズヴィルと結婚し、革命が勃発するとポリニャック一族と共にポーランドへ亡命した。彼女は1796年9月12日付のヴォードルイユに宛てた手紙で、「親愛なるパパ」と呼びかけている。

5 マリー＝アンリエット・ド・ポラストロンはアンドロー伯爵フランソワ・レオノールと結婚していたが、ヴェルサイユではあまり身持ちのよくない女性として知られていた。ルイ15世王女アデライードに仕えていたときには、当時エロティックだと顰蹙を買っていたシャトールーの『門番』を読ませたという。ルイ15世は1746年に彼女をオータンに追放した。

6 ヴォードルイユとポリニャック夫人の関係は心理学的には、19世紀の哲学者ヘーゲルの言う「主人と奴隷の弁証法」に近かった。ただ、ヘーゲルの論では主人と奴隷は共生できないが、ヴォードルイユとポリニャック夫人は一種の共生関係を築いた。

7 ルイ15世は独身のディアーヌを国中に散らばる貴族教会参事会に入会させ、聖職禄付き修道女にして「マダム」の称号を付した。ル

イ16世はさらに手厚く、伯爵夫人の称号を贈った。そのため、宮廷人はヨランドとディアーヌを区別するのに、「ジュール伯爵夫人」「ディアーヌ伯爵夫人」と呼んだ。

8 「彼は天から雷を奪い、圧制者たちから王笏をはぎ取った」の意。

9 ヴィジェ＝ルブラン夫人は、ヴォードルイユとアルトワが1814年に衝突したと記している。ヴォードルイユはアルトワに、30年来の友人と対立したことを嘆く手紙を書いたが、アルトワは「黙れ、気のふれた年寄りめ！お前は記憶を失ったと見える。お前と親友だったのは40年前のことだからな」と返答した。

10 ルイーズ・デスパルベス・ド・リュッサンはヨランドの異母弟アデマール・ド・ポラストロンの妻で、彼女の異母姉はローザンの愛人だった。ルイーズはアルトワの欠点を補うような女性で、彼の慢心を鎮め、乱れた生活にわずかながらの秩序をもたらした。彼女が1804年に他界したときは、アルトワはひどく落ち込み、以降愛人を持たなかった。

11 バショーモンによれば、ヴォードルイユが持ち込んだこの遊びは、「洗練されたコラン・マイヤールのようなもので、全員が大きな白布をかぶる。鬼だけは別で、全員が次々と布で鬼を触る。鬼は誰が触ったのかを当てるまで、からかわれ続ける」

12 この官職を務める者には、1万2000リーヴルの年金と王妃の馬、馬車、お仕着せの使用権が与えられていた。

13 ブザンヴァル男爵の章（上巻195頁）参照。

14 ヴォードルイユはカストリにひどく立腹した。彼は従兄弟のために海軍局長のポストの創設を望んでいたが、実現しなかったためだ。

15 ここでのヴォードルイユとは、ヴォードルイユ伯爵の従兄弟で海軍司令官を務めていたヴォードルイユ侯爵を指す。彼は父の官職の継承を希望していた。

16 人気喜劇役者。

17 1784年、借金漬けのヴォードルイユはヴィジェ＝ルブランの夫で画家のルブランに依頼して、手持ちの絵画コレクションの中から古い画家たちの作品を売却した（このコレクションのカタログも見事だった）。友人で閣僚のカロンヌが数点購入し、アンジヴィエ〔アンジヴィレとも〕伯爵も王室コレクション用に購入した。

18 「伯爵殿、芸術やとりわけ貴殿が愛され、洗練の限りを尽くして慈しまれている音楽への貴殿の見識ある趣味から推察するに、この新作に示してくださった評価は成功と考え、コリネットの敬意をお受けくださるようお願いする所存でございます。貴殿のつつましく従順なる僕（しもべ）より、敬意を込めて」

19 本名セバスチャン＝ロック・ニコラ（1740－94年）。彼を引き立てようと考えたヴォードルイユは、シャンフォールと名を改めさせた。当初は無名だったが、コンデ大公に才能を見込まれて、司令部秘書官に任命され、ヴォードルイユから王妃に推薦されて、1784年にエリザベート王女の専任秘書となった。革命思想に染まり、ミラボーやタレーランの演説の主要執筆者の一人として活躍。革命裁判所に訴追され、自殺を図るが未遂に終わり、数か月後に他界した。

20 舞台は数々の批判を受けたため、王妃は徐々に芝居をあきらめねばならなかった。トリアノンにある王妃の劇場で最後の芝居が上演されたのは1785年のことで、演目は『セビリ

ア の理髪師』だった。原作者ボーマルシェも出席し、マリー・アントワネットはロジーヌ役、ヴォードルイユはアルマヴィヴァ役を演じた。

21 1792年、国民公会の決定により、王室の鷹番に関する官職はすべて廃止され、鳥類の狩りは禁止された。

22 サン＝ジェームズ男爵クロード・ボダール・ド・ヴォーデジール（1738 － 87年）はジェムスとも呼ばれ、父の跡を継いで海軍主計官に就いた。フランス商業北方会社〔ロシアとイギリスがほぼ独占していたバルト海航行と商業を狙って設立された企業〕、クルーゾ会社〔フランス東部クルーゾに設立された重工業企業〕、パリ水道局、バイゴリー鉱山、ドゥシーズ鉱山など当時の新興産業に莫大な投資をした。パリのヴァンドーム広場で豪勢な生活を送り、ヌイイーにサン＝ジェームズ邸を建設。1787年2月2日に破産し、大きな影響を及ぼした。

フェルセン伯爵

1 スウェーデンの貴族は専制を目指す国王の動きに反対して、国家の自由と法律遵守の守護者を自認していた。こうした貴族たちからなるハッタナ党は、平民からなる親ロシアのメッソナ党とも対立していた〔スウェーデン語でハッタナは帽子、メッソナは縁なし帽を意味する〕。

2 ヘドヴィグ・カタリナの祖先はフランス、ガスコーニュ地方のカルヴァン派で、国外に移住した。祖先の一人ポンテュス・ド・ラ・ガルディは豪胆な戦士だったが、フランソワ1世時代にスウェーデンへ移住し、リヴォニア戦争では1581年にロシアの雷帝ことイヴァン4世軍を破った。

3 この作品は現在、スウェーデン国立美術館に収蔵されている。

4 フェルセン家はメーラレン湖畔に、ドロットニングホルム王宮を設計した建築家によるメールザカー城も所有していた。また、エステルイェートランド地方に建つラ・ガルディ家のロブスタッド城もフェルセン家に渡った。

5 「彼は背が高く、顔立ちは整っていたが表情は豊かではなかった。物腰は貴族らしく、飾り気がなかった。会話には活気がなく、才知よりも判断力に優れていた。男性に対しては用心深く、女性に対しては控えめ。悲しみではなく真面目さが窺えた」〔18世紀のフランス宮廷に仕えた女性作家ジャンリス夫人の回想録から〕

6 キャサリン・リエルはフェルセンとの破談に傷ついたが、数年後にジョン・リチャード・ウェストと結婚した。第4代デ・ラ・ウォー伯爵およびカンテループ子爵である夫は、彼女の希望を聞き入れてロンドンに住むことを承諾した。結婚の報せを受けたフェルセンは妹に、「リエル嬢が結婚すると聞き、とても喜んでいます。今後は彼女との話も、他の誰かとの縁談もご免です」と書いている。

7 スウェーデン国王は服装に非常にこだわり、1778年には国としての制服を定め、上流階級の男女の着用を義務化した。彼らが外国、特にフランスのモードを追わないように、というのがその狙いだった。

8 ローザン公爵の章（上巻115頁）参照。

9 ディロン連隊の副官で、フランス革命では外国人将軍として従軍した。のちに執政政府からペルピニャン総督に任命され、ペルピニャンで1801年に没した。

10 ルイ14世はこのス

ウェーデン傭兵の勇猛ぶりに感銘を受け、彼らをまとめて、フランスに仕える正式な一個部隊とした。

11 作家フィリップ・ド・コミーヌの作品を読んだフェルセンは、友人でロワイヤル・スウェーデン連隊士官のローゼンスタインにこう書いている。「私は理不尽なことや愚かなことではなく、現代とは何の関係もない古代のくだらない話を読んだり、騎士物語で想像を膨らませたりするほうが好きです」

12 ロアン枢機卿の裁判は1786年5月26日から30日にかけて行われた。

13 エステルアジ伯爵の章（下巻141頁）参照。

14 ある者の証言には次のようにある。「彼女はやかましいイタリア人のごとく陽気で、話すのではなく叫び、大声で笑っていた。だがフェルセン伯爵といるときは、彼のように物静かで、周りを観察していた。クロフォードといるときも慎み深いが、この2人のいないところでは、ゲームや賭け事を楽しみ、ご褒美に口づけし、はじけんばかりに笑っていた」

15 フェルセンの私見を知らないルイ16世は、1792年2月に彼にこう伝えた。「余が弱腰で優柔不断だと言われていることは知っている。だが余の立場に置かれたことがある者はいない。余が機を逸したのは知っている。それは7月14日だ。あのとき〔ヴェルサイユを〕去るべきだったし、そうしたかったのだが、ムッシュー〔王弟プロヴァンス伯爵〕に留まってくれと懇願され、指揮を執るブロイ元帥に『メッスへ行くことはできますが、そこへ行って何をするというのです』と言われれば、どうして去ることができよう。余は機を逸した。以来、もはや好機は巡ってこない。私は世界中から見放されたのだ」

16 コルフ夫人はフェルセンより15歳年上の愛人。スウェーデンの銀行家スティーゲルマンの娘〔テオフィラ・ベニグナ・フィンク・フォン・フィンケンシュタインの説もあり〕。

17 エステルアジ伯爵の章（下巻192頁）参照。

18 フェルセンはブラウンシュヴァイクの宣言が功を奏して、反乱分子を抑えることができると確信していた。8月3日には王妃に宛てて、「お手元に宣言が届いたでしょうが、ご満足いただけるものと思います。これを作成されたリモン氏は称賛に値します」と書いている。

19 カール・フォン・セーデルマンランド公爵はグスタフ3世の弟で、妻はアクセルの弟ファビアンの愛人だった。

エステルアジ伯爵

1 女帝はベルチェーニ家も同様に排斥した。だが、ベルチェーニ元帥は1757年に、没収された財産の権利放棄と引き換えに、帝国内の居住禁止措置の解除を女帝から取り付けた。

2 ル・ブール伯爵レオノール＝マリー・デュ・メーヌ（1655 – 1739年）は、1724年にフランス元帥となった。王室大厩舎の小姓から始め、近衛騎兵となり、フランシュ＝コンテ侵入からフランドル戦争まで、ルイ14世時代初期のすべての戦いに参加した。

3 エステルアジは回想録の中で、ナントの勅令を受けて1685年から1715年にかけ、セヴェンヌ山地でプロテスタントが反乱を起こしたため（カミザールの乱）、母方の一族は没落したと記している。

4 バイエルン選帝侯カール・アルブレヒト、ザクセン選帝侯カール・アウグスト2世（兼ポーランド王アウグスト3世）が中心となり、

マリア＝テレジアは世襲領地のみを継承できるとして、彼女とその夫の帝国継承に反対した。ルイ15世は躊躇したが、ベル＝イル元帥の主張を入れて、バイエルンやザクセンに加勢することを決定した。

5 事実、1749年にジョゼフの後継者は、テュルパン伯爵に連隊を売却した。ヴァランタンの母は陸軍大臣に約束と違うと強く迫ったが、あきらめねばならなかった。

6 ヴァランタンは結婚当時、妻にこう語った。「ル・ヴィガンの社会がどういうものかというと、国王の馬車に乗ったのはジネストゥ、ラ・トゥール・デュ・パン、アサス、カルヴィエール、アルビニャック、それから私の、それぞれ異なる一族の出の6人だ。同じ資格を持った一族はあと3つか4つ。それから、7人のマルタ騎士団の騎士と29人の聖ルイ騎士、59人の士官がいた」

7 アルマンティエール侯爵ルイ・ド・コンフラン(1711－74年)。ポーランド継承戦争、オーストリア継承戦争、7年戦争に従軍し、1768年に元帥になった。

8 ブロイ公爵ヴィクトール・フランソワ（1718－1804年）。フランソワ＝マリー・ド・ブロイ元帥（1671－1745年）の息子で模範的軍人。15歳で従軍し、ルイ15世軍のすべての戦いを経験した。

9 「忠犬マルカッサンは私の横で寝ています。昨日はコンピエーニュで大変勇敢に、オーモン公爵の飼っている2倍ほども大柄なバルビーと戦いました。マルカッサンの方から攻撃を仕掛けて負けたのですから、公正な結果です」

10 アルヴィル女伯爵マリー＝テレーズ・ニコル・ド・ミドルジュ。

11 エステルアジはミシェル・ルコント通り28番地のアルヴィル邸を住まいとした。妻の両親がクロード＝ニコラ・ルドゥーに設計を依頼した館で、現在パリでもっとも美しいルイ16世様式の邸宅の一つである。

12 『ダナイスたち』はサリエリによる叙情悲劇のオペラで、1784年4月にオペラ座で初演されるや、フランスで大変な人気を博した。

参考文献

ADHÉMAR comtesse D', *Souvenirs sur Marie-Antoinette, archiduchesse d'Autriche, reine de France et sur la cour de Versailles*, Paris, Mame, 1836.

ALBERT-ROULHAC Georges, ≪ Bagatelle : pari du comte d'Artois et de Marie-Antoinette ≫ , *Revue Batir*, 88, 1959, p. 42-48.

Anonyme, *Les Amours de Charlot et Toinette*, Versailles, s.n., 1779.

ARNETH Alfred VON et GEFFROY Auguste, *Correspondance secrète entre Marie-Thérèse et le comte de Mercy-Argenteau*, Paris, Firmin-Didot, 1874, 3 vol.

BACHAUMONT Louis Petit DE, *Journal ou mémoires secrets depuis 1762*, Londres, 1777-1789, 36 vol.

BLANC Olivier, *L'Amour à Paris au temps de Louis XVI*, Paris, Perrin, 2002.

BLUCHE François, *La Vie quotidienne de la noblesse française au XVIIIe siècle*, Paris, Hachette, 1973.

BONNEFON Paul, *La Société française au XVIIIe siècle. Lectures extraites des mémoires et des correspondances*, Paris, Armand Colin, 1905.

BOURGUINAT Élisabeth, *Le Siècle du persiflage, 1734-1789*, Paris, Presses universitaires de France, 1998.

BOUTRY Maurice, *Autour de Marie-Antoinette*, Paris, Émile Paul, 1907.

BOYER Marie-France, *Les Lieux de Marie-Antoinette*, Paris, Thames & Hudson, 1995.

BRETEUIL Louis Nicolas, baron DE, *Mémoires*, Paris, F. Bourin, 1992.

CAMPAN Jeanne, *Mémoires de Madame Campan, première femme de chambre de Marie-Antoinette*, éd. présentée par Jean Chalon, Paris, Mercure de France, 1988.

CARRÉ Honoré, *La Noblesse en France et l'opinion publique au XVIIIe siècle*, Paris, Champion, 1920.

CHAUSSINAND-NOGARET Guy, *La Noblesse au XVIIIe siècle. De la féodalité aux Lumières*, Paris, Hachette, 1976.

CRAVERI Benedetta, *Les Derniers Libertins*, Paris, Flammarion, 2016.

DAGUENET Patrick, *Les Séjours de Marie-Antoinette à Fontainebleau (1770-1786)*, Fontainebleau, AKFG, 2016.

DECKER Michel DE, *Marie-Antoinette. Les dangereuses liaisons de la reine*, Paris, Belfond, 2005.

DEROISIN Sophie, *Le Prince de Ligne*, Paris, Tallandier, 2010.

DU BLED Victor, *La Comédie de société au XVIIIe siècle*, Paris, Calmann-Lévy, 1893.

DUPRAT Annie, *Marie-Antoinette, une reine brisée*, Paris, Perrin, 2006.

ELIAS Norbert, *La Société de cour*, Paris, Flammarion, 2008.〔ノルベルト・エリアス『宮廷社会』波田節夫，中埜芳之、吉田正勝訳、法政大学出版局、1981年〕

GIRAULT DE COURSAC Paul et Pierrette, *Louis XVI et Marie-Antoinette. Vie conjugale – vie politique*, Paris, OEIL, 1990.

GIRAULT DE COURSAC Paul et Pierrette, *Provence et Artois. Les deux frères de Louis XVI*, Paris,

François-Xavier de Guibert, 1999.
GONCOURT Edmond et Jules DE, *Histoire de Marie-Antoinette*, Paris, Firmin-Didot, 1858.
GONCOURT Edmond et Jules DE, *La Femme au XVIIIe siècle*, Paris, G. Charpentier, 1882.〔エドモン・ド・ゴンクール、ジュール・ド・ゴンクール『ゴンクール兄弟の見た 18 世紀の女性』鈴木豊訳、平凡社、1994 年〕
GRUBER Alain-Charles, *Les Grandes Fêtes et leurs décors de l'époque de Louis XVI*, Genève, Droz, 1972.
HASQUIN Hervé, *Le Comte de Mercy-Argenteau, diplomate et espion autrichien dans la France de Marie-Antoinette*, Paris, Avant-Propos, 2014.
HÉZECQUES comte DE FRANCE D', *Souvenirs d'un page de la cour de Louis XVI*, Paris, Didier et Cie, 1873.
HUISMAN Philippe et JALLUT Marguerite, *Marie-Antoinette. L'impossible bonheur*, Fribourg, Edita, 1970.
LUCAS-DUBRETON J., *Le Comte d'Artois*, Paris, Hachette, 1962.
JULLIEN Adolphe, *La Comédie a la cour. Les théâtres de société royale pendant le siècle dernier*, Paris, Firmin-Didot, 1883.
KUNSTLER Charles, *La Vie privée de Marie-Antoinette*, Paris, Hachette, 1938.
LA FAYE Jacques DE, *Amitiés de reine*, Paris, Emile Paul, 1910.
LÉONARD (Léonard-Alexis Autié), dit, *Souvenirs de Léonard, coiffeur de la reine Marie-Antoinette*, Paris, Alphonse Levasseur, 1838, 3 vol.
LESCURE Mathurin De, *Correspondance secrète sur Louis XVI, Marie-Antoinette, la Cour et la ville de 1777 à 1792*, t. 2, Paris, Plon, 1866.
LEVER Évelyne, *Marie-Antoinette. Correspondance, 1770-1793*, Paris, Tallandier, 2005.
LEVER Évelyne, *Marie-Antoinette telle qu'ils l'ont vue. Témoignages, lettres, rapports secrets souvenirs, confidences*, Paris, Omnibus, 2014.
LEVRON Jacques, *La Cour de Versailles aux XVIIe et XVIIIe siècles*, Paris, Hachette, 1999.〔ジャック・ルヴロン『ヴェルサイユの春秋（ドキュメンタリー・フランス史）』金沢誠編訳、白水社、1987 年〕
LIGNE Charles Joseph, *Caractères et portraits (1756-1812)*, Paris, Sandoz et Fischbacher, 1879.
LIGNE Charles Joseph, *Lettres à la marquise de Coigny*, Paris, Desjonquères, 1986.
MANSEL Philip, *Le Charmeur de l'Europe, Charles Joseph de Ligne*, trad. Françoise Adelstain, Paris, Stock, 1992.
NEWTON William Ritchey, *La Petite Cour. Service et serviteurs à la cour de Versailles au XVIIIe siècle*, Paris, Fayard, 2006.
NOLHAC Pierre DE, *Le Trianon de Marie-Antoinette*, Paris, Calmann-Lévy, 1924.
NOLHAC Pierre DE, *Autour de la reine*, Paris, Tallandier, 1929.
PAPILLON DE LA FERTÉ Denis-Pierre, *Journal de Papillon de la Ferté, intendant des Menus-Plaisirs (1756-1780)*, Paris, Paul Ollendorff, 1887.
PETITFILS Jean-Christian, *Louis XVI*, Paris, Perrin, 2005.〔ジャン＝クリスチャン・プティフィス『ルイ 16 世（上下）』小倉孝誠監修、玉田敦子、橋本順一、坂口哲啓、真部清孝訳、中央公論社、2008 年〕
RÉTAT Pierre, *Le Dernier Règne. Chronique du règne de Louis XVI :*

1774-1789, Paris, Fayard, 1995.
ROYET Hubert, *Autour de Madame Vigée-Lebrun*, Saint-Jean-d'Aulps, Les Anciens Jours, 2000.
SAINT-PRIEST François-Emmanuel, comte DE, *Mémoires sur les règnes de Louis XV et de Louis XVI*, Paris, Calmann-Lévy, 1929, 2 vol.
SEMALLÉ Jean-René DE, *Souvenirs du comte de Semallé, page de Louis XVI*, Paris, Picard, 1898.
TILLY Alexandre DE, *Mémoires pour servir à l'histoire des mœurs de la fin du XVIIIe siècle*, Paris, Les Marchands de nouveautés, 1928, 2 vol.
VALICOURT Emmanuel DE, *Calonne. La dernière chance de la monarchie*, Paris, Clément Juglar, 2015.
VIAL Charles-Eloi, *Les Derniers Feux de la monarchie. La cour au siècle des révolutions*, Paris, Perrin, 2016.
WEBER Jacques, *Mémoires concernant Marie-Antoinette*, Paris, Baudouin frères, 1822, t. I.
WEBSTER Nesta, *Marie-Antoinette intime*, trad. Élisabeth de Benque, Paris, La Table Ronde, 1981.
ZWEIG Stefan, *Marie-Antoinette*, Paris, Grasset, 1933.〔シュテファン・ツワイク『マリー・アントワネット（上下）』高橋禎二、秋山英夫訳、岩波書店、1980年ほか〕

ローザン公爵

BARTHÉLEMY Édouard DE, *Correspondance inédite d'Armand de Gontaut-Biron*, Bordeaux, Lefebvre, 1874.
CHOPPIN Henri, ≪ Trois colonels de hussards au XVIIIe siècle : le marquis de Conflans, le comte d'Esterhazy, le duc de Lauzun ≫ , *La Revue de cavalerie*, Paris, Berger-Levrault, 1896.
GONTAUT-BIRON Robert DE, *Le Duc de Lauzun (1749-1793), un célèbre méconnu*, Paris, Plon, 1937.
GUÉNA Yves, *Moi, duc de Lauzun, citoyen Biron*, Paris, Flammarion, 1997.
LAUZUN Armand-Louis DE GONTAUT, duc DE, *Mémoires du duc de Lauzun*, Paris, Firmin-Didot, 1929.
MASSONI Gérard-Antoine, ≪ Armand-Louis de Gontaut-Biron, duc de Lauzun, mestre de camp propriétaire du régiment de Lauzun Hussards ≫ , *Vivat Hussar*, 41, Tarbes, Musée international des hussards, 2006, p. 52-60.
MAUGRAS Gaston, *La Fin d'une société. Le duc de Lauzun et la cour de Marie-Antoinette*, Paris, Plon, 1909.
MÉNARD Pierre, *Antoine Crozat, l'homme qui possédait l'Amérique*, Paris, Le Cherche-Midi, 2017.
POL André, *Un amant de Marie-Antoinette. Le ≪ divin ≫ Lauzun et ses mémoires*, Paris, Albin Michel, 1911.
VATOUT M. J., ≪ Armand-Louis de Gontaut, duc de Lauzun ≫ , *Le château d'Eu. Notices historiques*, t. V, Paris, Felix Malteste, 1836, p. 354-365.
VELAY Clément, *Le Duc de Lauzun. Essai de dialogue entre un homme et son temps*, Paris, Buchet/Chastel, 1983.

ブザンヴァル男爵

BESENVAL Pierre-Victor, baron DE, *Mémoires sur la cour de France*, introduction de Ghislain de Diesbach, Paris, Mercure de France, 1987.
CLAERR-STAMM Gabrielle, *La Saga de la famille de Besenval*, Riedisheim, Société d'histoire du Sundgau, 2015.
Collectif, *Le baron de Besenval au château de Brie-Comte-Robert*, Brie-Comte-Robert, Les Amis du vieux

château, 1995.
DARDEL Jean-Jacques DE, *L'Hôtel de Besenval*, Paris, Presses universitaires de France, 2013.
FIECHTER Jean-Jacques, *Le Baron Pierre-Victor de Besenval*, Lausanne, Delachaux et Niestlé, 1993.
MICHEL Pierre, ≪ Le baron de Besenval, officier et homme de cour ≫ , *La Revue des Deux Mondes*, juillet 1960, p. 213-226.
SCHMID Oswald, *Der Baron von Besenval*, Zurich, Leemann & Co., 1913.

ヴォードルイユ伯爵

ANONYME, *Généalogie de la famille de Rigaud de Vaudreuil, seigneurs et barons de Vaudreuil, d'Auriac, de Greiffeil, etc., en Languedoc*, Paris, 1768.
BARTHÉLEMY Édouard DE, *Correspondance inédite du duc de Bourbon avec Mme la comtesse de Vaudreuil*, Paris, Charavay, 1886.
COLAS DES FRANCS Nathalie, *Madame de Polignac et Marie-Antoinette*, Paris, Les Trois Orangers, 2008.
PINGAUD Léonce, *Correspondance intime du comte de Vaudreuil et du comte d'Artois*, Paris, Plon, 1889, 2 vol.
ROY Pierre-Georges, *La Famille de Rigaud de Vaudreuil*, Québec, Levis, 1938.

フェルセン伯爵

BAUMANN Émile, *Marie-Antoinette et Axel de Fersen*, Paris, Grasset, 1931.
CREUTZ comte DE, *La Suède et les Lumières. Lettres d'un ambassadeur a son roi (1771-1783)*, Paris, Michel de Maule, 2006.
DARD Émile, *Un rival de Fersen : Quentin Craufurd*, Paris, Flammarion, 1947.
DUFRESNE Claude, *Le Cœur de la reine. L'impossible amour de Marie-Antoinette*, Paris, Bartillat, 1997.
FARR Evelyn, *Marie-Antoinette et le comte de Fersen, la correspondance secrète*, Paris, L'Archipel, 2016.〔エヴリン・ファー『マリー・アントワネットの暗号：解読されたフェルセン伯爵との往復書簡』ダコスタ吉村花子訳、河出書房新社、2018 年〕
GAULOT Paul, *Un ami de la reine, Paris, Paul Ollendorff,* 1892.
HEIDENSTAM Oskar Gustav VON, 《Fersen et Marie-Antoinette ≫ , *La Revue de Paris,* 19, 1912, p. 472-494.
HÜE Gustave, ≪ Le comte de Fersen, le dernier fidèle de Marie-Antoinette ≫ , *Les Contemporains,* 766, 1913.
KERMINA Françoise, *Hans-Axel de Fersen*, Paris, Perrin, 1985.
KLINCKOWSTRÖM baron Rudolf Mauritz VON, *Le comte de Fersen et la cour de France*, Paris, Firmin-Didot, 1877 et 1878, 2 vol.
KUNSTLER Charles, *Fersen et son secret*, Paris, Hachette, 1947.
LESCURE M. DE, ≪ Le comte de Fersen et Marie-Antoinette d'après des documents nouveaux ≫ , *Le Correspondant*, t. 110, Paris, 1878.
LINDQVIST Herman, *Axel von Fersen, séducteur et aristocrate*, Paris, Stock, 1995.
SCHAHOVSKOY-STRECHNEFF, princesse, *Le Comte de Fersen*, Paris, Perrin, 1910.
SÖDERHJELM Alma, *Fersen et Marie-Antoinette*, Paris, Kra, 1930.
VALLOTTON Henry, *Marie-Antoinette et Fersen*, Paris/Genève, La Palatine, 1952.
WAGENER Françoise, *L'Énigme Fersen*, Paris, Albin Michel, 2016.

WRANGEL, comte Franz, *Lettres d'Axel de Fersen à son père*, Paris, Firmin-Didot, 1929.

エステルアジ伯爵

AUBERT Mathieu, ≪ Valentin Esterhazy, l'usage d'un monde ≫ , *Öt Kontinen,* Budapest, Eötvös loránd, Tudományegyetem, 2007, p. 31-40.
CHOPPIN Henri, ≪ Trois colonels de Hussards au XVIIIe siècle : le marquis de Conflans, le comte d'Esterhazy, le duc de Lauzun ≫ , *La Revue de cavalerie*, Paris, Berger-Levrault, 1896.
DAUDE Romain, ≪ Le Vigan, une cité cévenole au siècle des Lumières ≫ , communication du 7 décembre 2007, Académie des Hauts-Cantons.
ESTERHAZY Valentin, comte, *Mémoires*, Paris, Plon-Nourrit, 1905.
ESTERHAZY Valentin, comte, *Lettres du comte Esterhazy à sa femme*, Paris, Plon-Nourrit, 1907.
FRANJOU Edmond, *Le Comte Valentin Esterhazy, confident de Marie-Antoinette*, La Celle-Saint-Cloud, E. Franjou, 1975.

その他翻訳に際しての参考文献

アンドレ・カストロ『マリ＝アントワネット』村上光彦訳、みすず書房、1972年
イネス・ド・ケルタンギ『カンパン夫人：フランス革命を生き抜いた首席侍女』ダコスタ吉村花子訳、白水社、2016年
ウィル・バショア『マリー・アントワネットの髪結い　素顔の王妃を見た男』阿部寿美代訳、原書房、2017年
パウル・クリストフ編『マリー・アントワネットとマリア・テレジア秘密の往復書簡』藤川芳朗訳、岩波書店、2002年
BĒLY Lucien (sous la direction de), *Dictionnaire de l'Ancien Régime,* PUF, 2010
内村里奈『マリー・アントワネットの衣裳部屋』平凡社、2019年